Wolfgang Halm   Władysław Sławiński

Sätze aus dem Alltagsgespräch
deutsch–polnisch

Codzienne zwroty konwersacyjne
niemiecko–polskie

Max Hueber Verlag

Das Werk und seine Teile sind urheberrechtlich geschützt. Jede Verwertung in anderen als den gesetzlich zugelassenen Fällen bedarf deshalb der vorherigen schriftlichen Einwilligung des Verlages.

| 8. 7. 6. | Die letzten Ziffern |
| 1995 94 93 92 91 | bezeichnen Zahl und Jahr des Druckes. |

Alle Drucke dieser Auflage können, da unverändert,
nebeneinander benutzt werden.
2. Auflage 1974
© 1973 Max Hueber Verlag, D-8045 Ismaning
Umschlaggestaltung: Wolfgang A. Taube, München
Gesamtherstellung: Manz AG, Dillingen
Printed in Germany
ISBN 3–19–005087–2

Lieber Leser,

wenn Sie dieses Büchlein schon gekauft haben, dann wissen Sie wohl warum, und ich brauche Ihnen nicht mehr zu sagen, wofür es gut ist. Wenn Sie aber erst zweifelnd in der Buchhandlung stehen und überlegen, ob Ihnen das Ding die paar Mark wert ist, kann ich Ihnen ein bißchen helfen.

In einer ganz normalen, alltäglichen Unterhaltung in der Fremdsprache – ganz gleich, ob Sie Anfänger oder Fortgeschrittener sind oder nach längerer Unterbrechung wieder einmal ins Ausland fahren – spüren Sie selbst und die andern auch, daß Sie sich nicht ganz „normal" ausdrücken, daß Ihnen für bestimmte einfache Situationen der richtige Satz fehlt, daß es vielleicht sogar zu Mißverständnissen kommt... Stecken Sie das Büchlein in die Tasche, lesen Sie öfter mal hier zehn Sätze, dort zehn Sätze, und Sie werden sehen, wie Sie sich bald bei Ihren einfachen Gesprächen und beim Schreiben von Privatbriefen leichter tun.

Sind Sie aber Lehrer (wie ich), dann schlage ich Ihnen vor, Ihren Schülern das Büchlein zur Vorbereitung von kleinen Gesprächs-, Brief- und Aufsatzübungen zu empfehlen. Aus solchen Übungen heraus ist nämlich das Büchlein entstanden. Es kann das Auftreten typischer „Fehler" von vornherein etwas einschränken und damit die Stunde für Lehrer und Schüler noch angenehmer und gewinnbringender werden lassen.

Alle Sätze sind *in beiden Sprachen* idiomatisch so richtig, daß das Büchlein zum Polnischlernen ebenso gut verwendet werden kann wie zum Deutschlernen.

Daß wir bei Preisen, Maßen und Gewichten nicht umgerechnet haben, sondern in jeder Sprache eben das dort Übliche und Normale sagen, versteht sich wohl in diesem Zusammenhang von selbst.

Viel Erfolg!

Wolfgang Halm

Drogi czytelniku!

Jeżeli już kupiłeś tę książeczkę, to wiesz pewnie dlaczego i nie potrzebuję ci już mówić, na co się przyda. Ale jeżeli stoisz wahając się w księgarni i zastanawiasz się, czy to warte paru marek, to mogę ci trochę pomóc.
W całkiem normalnej, codziennej rozmowie w języku obcym wszystko jedno, czy jesteś początkującym czy zaawansowanym czy po dłuższej przerwie znowu jedziesz za granicę – sam czujesz i inni także, że się nie wyrażasz całkiem „normalnie", że ci brak odpowiedniego zdania dla wyrażenia określonej prostej sytuacji, że dochodzi może nawet do nieporozumień... Wsadz książeczkę do kieszeni, przeczytaj z niej jak najczęściej na tej stronie dziesięć zdań, na innej dziesięć zdań, a zobaczysz, o ile ci lżej idzie w prostej rozmowie lub pisaniu listów prywatnych.
Jeżeli jednak jesteś nauczycielem (jak ja), to proponuję, byś polecił tę książeczkę swoim uczniom w celu przygotowania krótkich ćwiczeń praktycznych w rozmowie, pisaniu listów i esejów. Z takich to ćwiczeń mianowicie powstała ta książeczka. Pomoże ona nieco ograniczyć występowanie „typowych błędów" i stąd uczyni lekcję dla nauczyciela i ucznia jeszcze przyjemniejszą i użyteczniejszą. Wszystkie zdania są *w obu językach* idiomatycznie tak poprawne, że można tej książeczki równie dobrze użyć do nauki języka polskiego, jak i niemieckiego.

Władysław Sławiński
Wolfgang Halm

Inhaltsverzeichnis

Gruß, Begrüßung 7	Essen 36
Kurzsätze 7	Trinken 37
Hinweise 8	Rauchen 38
Sätze für 1000 Gespräche . . 9	Bei Tisch 39
Positive Meinung 11	Im Lokal 40
Negative Meinung 12	In verschiedenen Geschäften . 42
Ausdruck der Zufriedenheit . 12	Im Konfektionshaus 43
Unzufriedenheit, unerfüllte Wünsche 13	Wäscherei und Reinigung . . 44
Reihenfolge 14	Beim Schuster 44
Vergleiche 14	Auf der Post 44
Grade 15	Fernamt und Telegrafenamt . 45
Mengen 15	Am Telefon 46
Maße, Gewichte 16	Beim Friseur 47
Geld 16	In der Apotheke, in der Drogerie 48
Zeit 17	Beim Arzt 49
Farben 20	Beim Zahnarzt 50
Verabredung 21	Lebenslauf, Familie 50
Einladung 22	Feste, Glückwünsche, Anteilnahme 52
Vorstellung 23	Freizeit 53
Personenbeschreibung 24	Ferien, Urlaub 55
Persönliches Verhältnis . . . 27	Auto 57
Wetter, Klima 28	Unfall 58
Gesundes und ungesundes Leben 29	Reise mit der Bahn 60
Glück und Pech im Leben . . 31	Flugreise 60
Haus und Wohnung 31	In der fremden Stadt 61
Hausfrau, Haushalt 34	Polizei, Justiz, Verwaltung . 62

Spis rzeczy

Pozdrowienia	7
Zwroty	7
Wskazówki	8
Zdania przydatne przy układaniu 1000 rozmów	9
Pozytywne znaczenie	11
Znaczenie negatywne	12
Wyrażenia zadowolenia	12
Niezadowolenie, niespełnione pragnienia	13
Następstwo, kolejność	14
Porównania	14
Stopniowanie	15
Ilości	15
Miary, wagi	16
Pieniądze	16
Czas	17
Barwy	20
Umawianie się na spotkanie	21
Zaproszenie	22
Przedstawianie (osób)	23
Opisy osób	24
Stosunki osobiste	27
Pogoda, klimat	28
Zdrowy i niezdrowy tryb życia	29
Szczęście i pech w życiu	31
Dom i mieszkanie	31
Pani domu, gospodarstwo domowe	34
Posiłki	36
Napoje	37
Palenie	38
Przy stole	39
W lokalu	40
W rozmaitych sklepach	42
W sklepie z konfekcją	43
Pranie i czyszczenie	44
U szewca	44
Na poszcie	44
Urząd telefoniczny i telegraficzny	45
Przy telefonie	46
U fryzjera	47
W aptece, w drogerii	48
U lekarza	49
U dentysty	50
Życiorys, rodzina	50
Święta, gratulacje, kondolencje	52
Czas wolny od zajęć	53
Wakacje, urlop (osób)	55
Auto	57
Wypadek	58
Podróż koleją	60
Podróż samolotem	60
W obcym mieście	61
Policja, sądownictwo, administracja	62

Gruß, Begrüßung

1. Guten Morgen.
2. Guten Tag.
3. Guten Abend.
4. Gute Nacht.
5. Wie geht's?
6. Danke.
7. Danke, es geht.
8. Danke, gut.
9. Und Ihnen?
10. Bis nachher.
11. Bis morgen.
12. Alles Gute!
13. Gute Fahrt!
14. Viel Vergnügen!

Pozdrowienia

1. Dzień dobry.
2. Dzień dobry.
3. Dobry wieczór.
4. Dobranoc.
5. Jak się pan (pani) ma?
6. Dziękuję.
7. Dziękuję, w porządku.
8. Dziękuję, dobrze.
9. A pan (pani)? *
10. Do zobaczenia.
11. Do jutra.
12. Wszystkiego dobrego!
13. Szczęśliwej podróży!
14. Przyjemnej zabawy!

Kurzsätze

1. Nein, danke.
2. Bitte.
3. Ja, bitte.
4. Danke! Vielen Dank!
5. Bitte.
6. Verzeihung! Entschuldigen Sie!
7. Wie bitte?
8. Aha. Ich verstehe.
9. Richtig. Stimmt!
10. Natürlich. Klar.
11. Einverstanden.
12. In Ordnung.
13. Eben!

Zwroty

1. Nie, dziękuję.
2. Proszę.
3. Tak, proszę.
4. Dziękuję. Dziękuję bardzo.
5. Proszę.
6. Przepraszam. Proszę wybaczyć.
7. Jak proszę?
8. Aha. Rozumiem.
9. W porządku. Zgadza się.
10. Naturalnie. Jasne.
11. Zgoda.
12. W porządku.
13. Właśnie!

---

* Niemieckiemu „Sie" odpowiada polskie „Pan(owie)", „Pani(e)", „Państwo". Odtąd podajemy jedynie „Pan" (przypisek tłumacza).

14	Na also!	14	No więc!
15	Na endlich!	15	Wreszcie!
16	Fein.	16	Pięknie.
17	Gern.	17	Chętnie.
18	Na ja...	18	No tak...
19	Ach so...!	19	Ach tak...!
20	Eigentlich nicht.	20	Właściwie nie.
21	Eigentlich schon.	21	Właściwie tak.
22	Ungern.	22	Niechętnie.
23	Wenn es sein muß.	23	Jeśli tak trzeba.
24	So ungefähr.	24	Mniej więcej tak.
25	Nein, nicht ganz so.	25	Nie, niezupełnie tak.
26	Hoffentlich.	26	Mam nadzieję, że tak.
27	Hoffentlich nicht.	27	Mam nadzieję, że nie.
28	Keine Sorge!	28	Nie martw się!
29	Ach wie dumm!	29	Ach jak niemądrze!
30	Macht nichts.	30	Nic nie szkodzi.
31	Leider. Es tut mir leid.	31	Niestety. Bardzo mi przykro.
32	Schade!	32	Szkoda!
33	Nichts zu ändern!	33	Nic się nie da zmienić!
34	Abgesehen davon!	34	Oprócz tego!
35	Keine Spur!	35	Ani trochę!
36	Und ob!	36	I jak jeszcze.
37	Und wenn schon!	37	A jeżeli tak!
38	Na, und?	38	No i?
39	Was geht das mich an?	39	Co to mnie obchodzi?

Hinweise

Wskazówki

1	Achtung! Vorsicht!	1	Uwaga! Ostrożnie!
2	Ziehen!	2	Pociągnąć!
3	Drücken!	3	Popchnąć!
4	Frisch gestrichen.	4	Świeżo malowane.
5	Rauchen verboten.	5	Palenie wzbronione.
6	Eingang.	6	Wejście.

7 Ausgang.	7 Wyjście.
8 Einwurf DM 1,– (sprich: eine Mark).	8 Wrzucić pięćdziesiąt groszy.

Sätze für 1000 Gespräche / Zdania przydatne przy układaniu 1000 rozmów

1. Ich bin sicher. — Jestem pewien (pewna)*.
2. Ich nehme es an. — Przypuszczam.
3. Ich bin nicht ganz sicher. — Nie jestem całkiem pewny (pewna).
4. Ich will es nicht. — Nie wiem.
5. Woher soll ich denn das wissen? — Skąd mam to wiedzieć?
6. Keine Ahnung. — Nie mam pojęcia.
7. Ich verstehe schon. — Ach, rozumiem.
8. Ich kann mir das gut vorstellen. — Mogę sobie wyobrazić.
9. Ich erinnere mich. Ich erinnere mich daran. — Przypominam sobie (to).
10. Ich denke ja. Ich glaube schon. — Myślę, że tak. Tak sądzę.
11. Ich glaube nicht. — Nie sądzę.
12. Das will ich nicht sagen! — Tego nie powiem.
13. Das habe ich nicht gesagt! — Tego nie powiedziałem!
14. Ich meinte etwas anderes. — Miałem na myśli coś innego.
15. Abwarten! Mal abwarten. — Czekać! Poczekać!
16. Mal sehen. — Będziemy musieli poczekać i zobaczyć.
17. Wenn Sie wollen. — Jeżeli sobie Pan(i) życzy.
18. Wie Sie wollen. — Jak Pan(i) chce.
19. Wann Sie wollen. — Kiedy Pan(i) chce.

---

* Formy czasownikowe niemieckie w 1-ej i 2-ej osobie wyrażają jednakowo polskie formy męskiego i żeńskiego rodzaju/pewien, pewny – pewna, pomieszałem, mówiłem – pomieszałam, mówiłam. Odtąd podajemy tylko odpowiednik polski męskiego rodzaju (przypisek tłumacza).

20	Wie es Ihnen am besten paßt.	20	Jak Panu (Pani) najlepiej odpowiada.
21	Es macht mir gar nichts aus.	21	Mnie to nie szkodzi.
22	Ich habe nichts dagegen.	22	Nie mam nic przeciw temu.
23	Ich hätte nichts dagegen.	23	Nie miałbym nic przeciw temu.
24	Ich denke dran. Ich vergesse es nicht.	24	Myślę o tym. Nie zapominam o tym.
25	Ich muß es mir noch überlegen.	25	Muszę się jeszcze zastanowić.
26	Sie können sich's ja überlegen.	26	Może Pan(i) jeszcze się zastanowić.
27	Ich mache mich gleich dran.	27	Zaraz się do tego zabiorę.
28	Sie können sich darauf verlassen.	28	Może Pan na tym polegać.
29	Ich verlasse mich darauf!	29	Zdaję się na to.
30	Mal sehen, was sich machen läßt.	30	Zobaczymy, co się da zrobić.
31	Das muß sich erst zeigen. Das wird sich zeigen.	31	To się dopiero okaże.
32	Man kann noch nichts sagen.	32	Nie można jeszcze nic powiedzieć.
33	Vielleicht ist es gar nicht mehr nötig.	33	Może to nie jest wcale potrzebne.
34	Ich werde mich mal danach erkundigen.	34	Zapytam się jeszcze o to.
35	Ich wollte nur mal fragen.	35	Chciałem tylko zapytać.
36	Ich wüßte es gern. Ich hätte es gern gewußt.	36	Chciałbym to wiedzieć.
37	Ich dachte nur ...	37	Myślałem tylko.
38	Ich glaube nicht, daß ich mich täusche/irre.	38	Nie sądzę, bym się mylił.
39	Vielleicht verwechseln Sie es mit etwas anderem.	39	Może Pan to miesza z czym innym.
40	Ich habe das mit etwas anderem verwechselt.	40	Pomieszałem to z czymś innym.

41	Das kommt vor. Das kann passieren.	41	To się zdarza. To się może przytrafić.
42	Das kann schon sein.	42	To może być.
43	Was ist schon dabei!	43	Co w tym złego?
44	Was haben Sie davon? Das hat keinen Sinn.	44	Co ci z tego przyjdzie? To nie ma sensu.
45	Es wäre natürlich schön!	45	To byłoby naturalnie pięknie!
46	Das kommt aufs gleiche heraus.	46	To na jedno wychodzi.
47	Eben!	47	Właśnie!
48	Das sage ich ja die ganze Zeit!	48	Przecież cały czas to mówię.
49	Das habe ich schon immer gesagt!	49	Zawsze to mówiłem.
50	Sie werden noch an mich denken!	50	Jeszcze pomyślisz o mnie.

Positive Meinung
(vgl. Personenbeschreibung S. 24)

Pozytywne znaczenie
(porównaj opisy osób, str. 24)

1	Das Armband ist hübsch.	1	(Ta) Bransoleta jest ładna.
2	Es gefällt mir gut.	2	Podoba mi się.
3	Ich finde es sehr schön.	3	Uważam, że jest bardzo ładna.
4	Ich finde es reizend.	4	Uważam, że jest prześliczna.
5	Ich mag es furchtbar gern.	5	Strasznie ją lubię.
6	Ich liebe diese Dinge.	6	Lubię takie rzeczy.
7	Er hat ganz recht.	7	On ma rację.
8	Das hat er gut gemacht. Das hat er richtig gemacht.	8	Dobrze to zrobił.
9	Er hätte nichts Besseres tun können.	9	Nie mógł nic lepszego zrobić.
10	Ich kann ihn gut verstehen.	10	Rozumiem go dobrze.
11	Ich kann das sehr gut verstehen.	11	Rozumiem to bardzo dobrze.

Negative Meinung
(vgl. Personenbeschreibung S. 24)

1. Das Armband ist häßlich.
2. Es ist nichts wert.
3. Ich finde nichts dran.
4. Es gibt viel hübschere Dinge.
5. Ich kann nichts damit anfangen.
6. So etwas Dummes!
7. Wie kann er das nur tun! Wie kann er nur so was machen!
8. Das hätte er nicht tun sollen!
9. Das war ein großer Fehler von ihm!
10. Der weiß ja gar nicht, was er tut!
11. Ich hätte das an seiner Stelle nie gemacht!
12. Das hat er sich nicht richtig überlegt.

Ausdruck der Zufriedenheit

1. Wie geht's? Wie geht es Ihnen?
2. Ausgezeichnet. Es geht mir ausgezeichnet.
3. Ich kann wirklich nicht klagen.
4. Wir sind alle gesund, was will man mehr?
5. Es geht vorwärts mit der Arbeit.

Znaczenie negatywne
(porównaj opisy osób, str. 24)

1. (ta) Bransoleta jest brzydka (nie jest ładna).
2. Nie jest nic warta.
3. Nic w niej nie widzę.
4. Istnieją o wiele ładniejsze rzeczy.
5. Nic nie mogę z tym zrobić.
6. Coś tak niemądrego!
7. Jak on (to) może robić (coś podobnego).
8. Tego nie powinien był robić.
9. To był wielki błąd z jego strony.
10. On w ogóle nie wie, co robi.
11. Ja na jego miejscu nigdy bym tego nie zrobił.
12. Nad tym nie zastanowił się należycie.

Wyrażenia zadowolenia

1. Jak się masz? Jak ci się powodzi?
2. Doskonale. Powodzi mi się świetnie.
3. Nie mogę naprawdę skarżyć się.
4. Jesteśmy wszyscy zdrowi, czego chcieć więcej?
5. Robota postępuje naprzód.

6 Die Arbeit macht mir Spaß.
7 Bis jetzt geht alles recht gut.
8 Ich habe schon eine ganze Menge erreicht.

6 Robota sprawia mi przyjemność.
7 Jak dotąd, wszystko idzie bardzo dobrze.
8 Zrobiłem już bardzo dużo.

Unzufriedenheit, unerfüllte Wünsche

1 Wie geht's? Wie geht es Ihnen?
2 Es geht. Es könnte besser gehen.
3 Ich weiß nicht, was mit mir los ist.
4 Ich bin deprimiert.
5 Ich fühle mich gar nicht wohl.
6 In letzter Zeit geht alles schief.
7 Ich bringe nichts fertig.
8 Ich habe zuviel Arbeit. Ich bin überarbeitet.
9 Ich habe Ärger mit dem Chef.
10 Es kommt immer alles auf einmal!
11 Wenn ich nicht alles selbst machen müßte!
12 Wenn ich wenigstens mehr Zeit für meine Familie hätte!
13 Wenn das dumme Geld nicht wäre!
14 Ich sitze ziemlich in der Klemme.

Niezadowolenie, niespełnione pragnienia

1 Jak się masz? Jak ci się powodzi?
2 Jakoś to idzie. Mogłoby być lepiej.
3 Nie wiem, co się ze mną dzieje.
4 Jestem przygnębiony.
5 Nie czuję się dobrze.
6 W ostatnich czasach wszystko idzie na opak.
7 Nie mogę nic skończyć.
8 Mam za dużo pracy. Jestem przepracowany.
9 Mam kłopoty z przełożonym.
10 Wszystko zbiega się naraz.
11 Gdybym nie musiał sam wszystkiego robić!
12 Gdybym przynajmniej miał więcej czasu dla rodziny.
13 Gdyby nie pieniądze!
14 Wpadłem w porządne tarapaty!

Reihenfolge

1 Zuerst gehe ich einkaufen.
2 Dann gehe ich in die Stadt.
3 Anschließend esse ich zusammen mit meiner Freundin.
4 Nachher gehen wir vielleicht ins Kino.
5 Später trinken wir bei mir Tee.

6 Am Anfang wollte ich ihr nichts von meinen Plänen sagen.
7 Am Schluß habe ich es ihr doch gesagt.
8 Das Wichtigste ist die Gesundheit.
9 Vor allem mußt du an deine Familie denken!

Następstwo, kolejność

1 Najpierw idę na zakupy.
2 Potem pójdę do miasta.
3 Następnie zjemy coś z moją sympatią.
4 Może potem pójdziemy do kina.
5 Później wypijemy herbatę u mnie.

6 Początkowo nie chciałem jej nic mówić o moich planach.
7 W końcu jednak powiedziałem jej (o nich).
8 Najważniejsze to zdrowie.
9 Przede wszystkim musisz myśleć o rodzinie.

Vergleiche

1 Sein Haus ist so groß wie unseres.
2 Es ist sogar etwas größer als das unsere.
3 Es ist nicht so klein wie deines.
4 Es ist viel hübscher, als ich gedacht hatte.
5 Sein Bruder ist viel älter als er.

6 Er ist ein kleines bißchen größer als sein Bruder.
7 Er ist nicht ganz so groß wie du.
8 Er ist bei weitem nicht so groß wie dein Bruder.

Porównania

1 Jego dom jest tak duży jak nasz.
2 Jest nawet nieco większy niż nasz.
3 Nie jest tak mały jak twój.
4 Jest o wiele ładniejszy niż myślałem.
5 Jego brat jest o wiele starszy ode mnie.

6 On jest odrobinę wyższy od brata.
7 On nie jest tak wysoki jak ty.
8 Wcale nie jest tak wysoki jak twój brat.

Grade

1 Die Prüfung war unheimlich schwierig / enorm schwierig / außerordentlich schwierig.
2 sehr schwierig
3 recht schwierig
4 schwierig
5 ziemlich schwierig / gar nicht so leicht
6 gar nicht so schwierig / ziemlich leicht
7 leicht
8 recht leicht
9 ganz leicht
10 sehr leicht
11 kinderleicht
12 wirklich kinderleicht

Stopniowanie

1 Egzamin był ogromnie trudny, niesamowicie trudny, niezmiernie trudny.
2 bardzo trudny
3 wcale trudny
4 trudny
5 dość trudny / nie tak łatwy
6 wcale nie tak trudny / dość łatwy
7 łatwy
8 wcale łatwy
9 całkiem łatwy
10 bardzo łatwy
11 dziecinnie łatwy
12 rzeczywiście dziecinnie łatwy

Mengen

1 Wieviel?
2 Ich trinke eine Tasse Kaffee,
3 eine Flasche Wein,
4 ein Glas Wasser,
5 einen Kognak, einen doppelten Whisky.
6 Ich esse ein Brot, eine Scheibe Brot,
7 eine Tafel, ein Stückchen Schokolade,
8 einen halben Apfel,
9 ein paar Scheiben Wurst,
10 ein Stück Fleisch, ein Riesenstück Fleisch.

Ilości

1 Ile?
2 Piję jedną filiżankę kawy,
3 jedną butelkę wina,
4 jedną szklankę wody,
5 jeden koniak, podwójną wódkę.
6 Jem chleb, kromkę chleba,
7 tabliczkę, kawałek czekolady,
8 pół jabłka,
9 kilka plasterków kiełbasy,
10 kawałek mięsa, ogromny kawał mięsa.

11 Ich kaufe einen Sack Kartoffeln,	11 Kupuję worek ziemniaków,
12 einen Kasten Bier,	12 skrzynkę piwa,
13 einen halben Liter Milch,	13 pół litra mleka,
14 eine Zweiliterflasche Wein, eine Kiste Wein,	14 dwulitrową butelkę wina, skrzynkę wina,
15 ein Dutzend Eier,	15 tuzin jaj,
16 eine Schachtel Zigaretten.	16 paczkę papierosów.

Maße, Gewichte

1 Ich brauche drei Meter Stoff.

2 Ich brauche hier dreißig Zentimeter Tesafilm.

3 Der Tisch ist 1,20 (einen Meter zwanzig) lang, achtzig breit und siebzig hoch.

4 Der Schrank ist eins fünfunddreißig breit, achtzig tief und zwei zehn hoch.

5 Der Schinken wiegt über zwei Kilo: vier Pfund und hundert Gramm.

Miary, wagi

1 Potrzeba mi trzech metrów materiału.

2 Trzeba mi 30 cm taśmy.

3 Stół jest długi na metr dwadzieścia, szeroki na 80 cm i wysoki na 70.

4 Szafa ma szerokości metr 35 cm, głębokości 80 cm, wysokości 2 m. 10.

5 Szynka waży ponad dwa kilogramy: cztery funty i 100 gramów.

Geld

1 Was kostet das? Wieviel kostet das?
2 Ich kann nicht soviel ausgeben.
3 Das kann ich mir nicht leisten.

4 Das ist eine ganze Menge Geld, ein Haufen Geld.

Pieniądze

1 Co to kosztuje? Ile to kosztuje?
2 Nie mogę tyle wydać.
3 Na to sobie nie mogę pozwolić.

4 To jest mnóstwo pieniędzy, kupa pieniędzy.

5 Ich muß jetzt sparen, sonst komme ich nicht aus.	5 Muszę teraz oszczędzać, inaczej nie zwiążę końca z końcem.
6 Ich brauche nicht viel zum Leben.	6 Nie potrzeba mi dużo do życia.
7 Ich habe nicht soviel dabei.	7 Nie mam tyle przy sobie.
8 Sie können ja anzahlen.	8 Może Pan złożyć zaliczkę (à conto).
9 Können Sie mir etwas leihen / borgen?	9 Czy może mi Pan trochę pożyczyć?
10 Ich kaufe nicht gern auf Raten.	10 Niechętnie kupuję na raty.
11 Können Sie wechseln?	11 Czy może mi Pan zmienić ...
12 Ich kann Ihnen nicht herausgeben.	12 Nie mogę Panu wydać (reszty).
13 Können Sie es nicht recht machen?	13 Czy nie ma Pan odpowiedniej kwoty?
14 Ich habe es leider nicht klein.	14 Nie mam drobniejszych pieniędzy.
15 Wie hoch steht die Mark?	15 Jak stoi marka?
16 Der Kurs ist zur Zeit ganz gut.	16 Kurs (marki) jest obecnie dość dobry.

Zeit

Czas

1 Wieviel Uhr ist es? Wie spät ist es?	1 Która godzina?
2 Es ist eins./ein Uhr, viertel nach eins.	2 Jest pierwsza, pierwsza godzina, kwadrans po pierwszej.
3 Halb zwei. Es ist halb,	3 Pół do drugiej. Jest pół.
4 dreiviertel zwei. Es ist viertel vor zwei.	4 Trzy kwadranse na drugą, za kwadrans druga.
5 Es ist fünf vor halb zwei. Es ist fünf vor halb.	5 Jest za pięć pół do drugiej. Jest 25 minut po 1-ej.
6 Es ist zehn nach halb vier. Es ist zehn nach halb.	6 Jest dziesięć po pół do czwartej. Jest za 20 czwarta.

7	Wie spät haben Sie? Haben Sie genaue Zeit?	7	Która godzina u Pana? Czy pański zegarek wskazuje dobrą godzinę?
8	Die Uhr geht vor. Die Uhr geht nach.	8	Zegarek śpieszy się, spóźnia się.
9	Um wieviel Uhr? Wann?	9	O której godzinie? Kiedy?
10	Um eins. Um Punkt eins.	10	O pierwszej. Punktualnie o pierwszej.
11	Vor sechs. Gegen sechs. Bis spätestens sechs.	11	Przed szóstą. Około szóstej. Najpóźniej o szóstej. Do szóstej.
12	Nach sieben. Nicht vor sieben. Ab sieben.	12	Po siódmej. Nie przed siódmą. Od siódmej.
13	Was ist heute? Was haben wir heute (für einen Tag)?	13	Jaki jest dzień dzisiaj?
14	Der wievielte ist heute?	14	Którego dzisiaj?
15	Heute ist der zehnte.	15	Dzisiaj jest dziesiąty.
16	Wann?	16	Kiedy?
17	Vorgestern, gestern, heute, morgen, übermorgen.	17	Przedwczoraj, wczoraj, dzisiaj, jutro, pojutrze.
18	Heute abend.	18	Dziś wieczór.
19	Gestern vormittag.	19	Wczoraj przed południem.
20	Morgen nachmittag.	20	Jutro po południu.
21	Am Vormittag, am Nachmittag, am Abend, in der Nacht.	21	Przed południem, po południu, wieczorem, w nocy.
22	Im Frühjahr/Frühling.	22	Na wiosnę.
23	Im Sommer. Im Hochsommer.	23	W lecie. W połowie lata.
24	Im Herbst. Im Frühherbst. Im Spätherbst.	24	Jesienią. Wczesną jesienią, późną jesienią.
25	Im Winter. Mitten im Winter.	25	W zimie. W środku zimy.
26	Ich traf ihn vergangenes Jahr/letztes Jahr.	26	Spotkałem go w ubiegłym (przeszłym) roku.
27	Ich traf ihn dieses Jahr. Ich habe ihn heuer getroffen.	27	Spotkałem go w tym roku.

28	Ich sehe ihn nächstes Jahr wieder.	28	Zobaczę go znów w roku przyszłym.
29	Wir fahren morgen in acht Tagen.	29	Jedziemy od jutra za tydzień.
30	Er kommt morgen in vierzehn Tagen nach.	30	On przyjdzie od jutra za dwa tygodnie.
31	Er war kürzlich/neulich bei uns.	31	On był niedawno u nas.
32	Er war vor drei Wochen hier.	32	Był tu przed trzema tygodniami.
33	Er war vor 14 Tagen bei uns.	33	Wczoraj minęły 2 tygodnie od jego odwiedzin u nas.
34	Ich habe ihn seit vierzehn Tagen nicht gesehen.	34	Nie widziałem go od 14 dni.
35	Ich habe ihn seit damals/seitdem nicht gesehen.	35	Od tego czasu/odtąd go nie widziałem.
36	Ich habe ihn ewig lang nicht gesehen.	36	Wieki go nie widziałem.
37	Das ist schon lange her.	37	To już dawno temu.
38	Früher war das alles ganz anders.	38	Dawniej wszystko było inaczej.
39	Heute hat man viel mehr Möglichkeiten.	39	Dziś mamy o wiele więcej możliwości.
40	Heutzutage spielt das keine so große Rolle mehr.	40	Dziś to nie gra już tak wielkiej roli.
41	Das eilt nicht. Das hat Zeit.	41	Nie śpieszy się z tym. Mamy czas.
42	Lassen Sie sich ruhig Zeit!	42	Nie śpiesz się z tym.
43	Nur nichts überstürzen!	43	Tylko nic nie robić zbyt pochopnie.
44	Wir sind ja noch früh dran.	44	Mamy jeszcze sporo czasu.
45	Wir haben noch genug Zeit, um alles zu erledigen.	45	Mamy jeszcze dość czasu, aby wszystko załatwić.
46	Es ist Zeit zu gehen.	46	Już czas, (aby) pójść.
47	Ich möchte nicht zu spät kommen.	47	Nie chciałbym przyjść za późno.

48	Tut mir leid, daß ich so spät komme.	48	Bardzo mi przykro, że przyszedłem tak późno.
49	Es ist leider schon sehr spät.	49	Niestety zrobiło się bardzo późno.
50	Wann fängt es an? Wann geht es los?	50	Kiedy się to zaczyna?
51	Ist es noch nicht zu Ende? Ist es noch nicht aus?	51	Czy się to jeszcze nie skończyło?
52	Wie lange brauchen Sie? Ich darf keine Zeit verlieren.	52	Ile czasu Panu trzeba? Nie mogę tracić czasu.
53	Ich bin gleich fertig. Sie können darauf warten.	53	Zaraz będę gotów. Może Pan poczeka.
54	Es dauert nicht lange.	54	To nie potrwa długo.
55	Ich kann inzwischen etwas anderes erledigen.	55	Tymczasem mogę załatwić coś innego.
56	Man muß die Zeit ausnützen.	56	Trzeba wykorzystać czas.
57	Ich werde mir die Zeit schon vertreiben.	57	Znajdę już jakiś sposób spędzenia czasu.
58	Ich werde die Zeit schon irgendwie totschlagen.	58	Znajdę już jakiś sposób zabicia czasu.

Farben

Barwy

1. hellblau, hellgrün, hellgrau, hellbraun
2. dunkelrot, dunkelgrün, dunkelblau, dunkelbraun
3. rötlich, bläulich, gelblich
4. Er hat graublaue Augen.
5. Er trägt ein rotkariertes Hemd.

1. jasno-niebieski, jasno-zielony, jasno-popielaty, jasno-brązowy
2. ciemno-czerwony, ciemno-zielony, ciemno-niebieski, ciemno-brązowy
3. czerwonawy, niebieskawy, zielonawy
4. On ma szaro-niebieskie oczy.
5. Nosi koszulę w czerwoną kratkę.

6 Sie hat eine hübsche rot-weiß gestreifte Bluse.	6 Ona ma ładną bluzkę w czerwonobiałe paski.
7 Ich fotografiere immer schwarzweiß.	7 Ja zawsze robię czarno-białe zdjęcia.

Verabredung

Umawianie się na spotkanie

1 Wann können wir uns sehen/treffen?	1 Kiedy możemy się zobaczyć/spotkać?
2 Ich kann mich morgen freimachen.	2 Mogę się zwolnić na jutro.
3 Morgen abend wäre ich frei.	3 Jutro wieczór byłbym wolny.
4 Ich kann es mir einrichten.	4 Mogę to jakoś urządzić.
5 Wann paßt es Ihnen am besten?	5 Kiedy to Panu najbardziej odpowiada?
6 Wann es Ihnen paßt.	6 Kiedy to Panu odpowiada.
7 Ich richte mich ganz nach Ihnen.	7 Dostosuję się całkowicie do Pana.
8 Wie wäre es morgen mittag?	8 A jutro w południe?
9 Wir könnten zusammen essen.	9 Moglibyśmy pójść razem na lunch.
10 Also, bleibt's dabei?	10 A więc pozostajemy przy tym?
11 Ich kann nächste Woche leider nicht.	11 W przyszłym tygodniu nie mogę, niestety.
12 Vielleicht ein andermal.	12 Może innym razem.
13 Es ergibt sich sicher eine Gelegenheit.	13 Na pewno znajdzie się jakaś sposobność.
14 Sagen Sie bitte Herrn M., ich erwarte ihn morgen.	14 Proszę powiedzieć panu Morawskiemu, że będę czekać na niego jutro.
15 Sagen Sie bitte Herrn M., ich komme um 5 vorbei.	15 Proszę powiedzieć panu Morawskiemu, że wstąpię do niego o 5-ej.

16	Ich soll Ihnen ausrichten, daß Herr A. Sie erwartet.	16	Mam Pana zawiadomić, że pan Michalski oczekuje Pana.
17	Ich soll Ihnen bestellen, daß Herr A. um 5 vorbeikommt.	17	Mam Pana zawiadomic, że pan Michalski wstąpi o 5-ej.
18	Ich habe Herrn M. leider nicht angetroffen.	18	Nie zastałem niestety pana Morawskiego.
19	Ich war angemeldet, aber er mußte plötzlich weg.	19	Stawiłem się na umówione spotkanie, ale musiał nagle wyjść.
20	Er war in einer Sitzung.	20	Był na zebraniu.
21	Er mußte zu einer dringenden Besprechung.	21	Musiał pójść na ważne zebranie.
22	Ich habe bei seiner Sekretärin hinterlassen, wo er mich erreichen kann.	22	Zostawiłem u sekretarki wiadomość, gdzie mnie może znaleźć.
23	Ich habe hinterlassen, er möchte mich im Hotel anrufen.	23	Zostawiłem notatkę, by zechciał zatelefonować do mnie do hotelu.
24	Seine Sekretärin gibt ihm Bescheid.	24	Jego sekretarka przekaże mu tę wiadomość.

Einladung

Zaproszenie

1 Kommen Sie doch mal vorbei!
  Kommen Sie doch mal zu uns!

1 Niechże Pan do nas wstąpi.
  Niechże Pan nas kiedyś odwiedzi.

2 Es wäre nett, wenn Sie am Sonntag kommen könnten.

2 Byłoby bardzo miło, gdyby Pan mógł przyjść w niedzielę.

3 Sie bringen doch Ihre Frau mit?

3 Chyba przyprowadzi Pan (swoją) żonę?

4 Wir kommen gern, aber nach dem Essen.

4 Przyjdziemy chętnie, ale po posiłku.

5 Ich möchte nicht, daß Ihre Frau sich soviel Arbeit macht.

5 Nie chciałbym, aby Pańska żona zadawała sobie tyle trudu.

6 Mein Gott, die schönen Blumen!	6 Mój Boże, jakie piękne kwiaty!
7 Das wäre wirklich nicht nötig gewesen. Aber, warum haben Sie sich solche Umstände gemacht?	7 To naprawdę nie było potrzebne. Po co Pan sobie narobił tyle kłopotu?
8 Auf Wiedersehen, vielen Dank für die Einladung!	8 Do widzenia. Dziękuję bardzo za zaproszenie.
9 Es war wirklich sehr nett.	9 Było naprawdę bardzo przyjemnie.
10 Es hat uns wirklich gefreut, daß Sie gekommen sind.	10 Naprawdę ucieszyliśmy się Pańskim przyjściem.
11 Kommen Sie doch bald mal wieder!	11 Niechże Pan znów przyjdzie niedługo!
12 Jetzt müssen Sie aber auch mal zu uns kommen.	12 Ale Pan musi także raz zajść do nas.
13 Meine Mutter würde Sie auch gern kennenlernen.	13 Moja matka chciałby także poznać Pana.
14 Ich bringe Sie noch runter.	14 (Jeszcze) Pana odprowadzę na dół.
15 Kommen Sie gut nach Haus!	15 Mam nadzieję, że dostanie się Pan cało i zdrowo do domu.

Vorstellung

Przedstawianie osób

1 Darf ich vorstellen: Herr Huber – Frau Dr. Engl.	1 Czy mogę przedstawić pana Sławińskiego? – Pani doktor Jakubowska.
2 Freut mich, Sie kennenzulernen.	2 Miło mi Pana poznać.
3 Ich habe schon viel von Ihnen gehört.	3 Już wiele o Panu słyszałam.
4 Ach, Sie sind der Herr aus Stuttgart!	4 Ach, to Pan jest tym panem z Warszawy!

5 Frau Dr. Engl, darf ich Ihnen Herrn Huber vorstellen?	5 Pani doktor Jakubowska, czy mogę Pani przedstawić pana Sławińskiego?
6 Kennen Sie schon Herrn Huber? – Das ist Frau Dr. Engl.	6 Czy Pani zna pana Sławińskiego? A to jest pani doktor Jakubowska.
7 Darf ich bekannt machen?	7 Czy mogę Państwa zapoznać ze sobą?

Personenbeschreibung   *Opisy osób*

1 Wie ist er/sie? Wie sieht er aus?	1 Jaki on (ona) jest? Jak on (ona) wygląda?
2 Er ist nett. Er sieht nett aus.	2 On jest miły. Wygląda bardzo miło.
3 Er sieht gut aus.	3 On dobrze wygląda.
4 Sie ist hübsch. – Sie ist häßlich.	4 Ona jest ładna. – Ona jest brzydka.
5 Sie ist attraktiv.	5 Ona jest oryginalna.
6 Sie ist sehr gepflegt/ungepflegt.	6 Ona jest (bardzo) wypielęgnowana – niestaranna.
7 Sie ist schlank/etwas vollschlank.	7 Jest szczupła/nieco tęga.
8 Sie ist ein wenig rundlich. Sie ist dick.	8 Ona jest pulchna. Ona jest gruba.
9 Er ist ziemlich groß/klein.	9 On jest dość wysoki/niski.
10 Er ist kräftig.	10 On jest silny.
11 Er ist ein sportlicher Typ.	11 On jest typem sportowca.
12 Er ist 50, aber er sieht jünger/älter aus.	12 Ma lat 50, ale wygląda młodziej/starzej.
13 Er ist ein Typ, der auf Frauen wirkt.	13 To typ, który robi wrażenie na kobietach.
14 Er ist 18, aber er wirkt noch nicht sehr erwachsen.	14 Ma lat 18, ale nie robi wrażenia dojrzałego.
15 Sie ist schon eine junge Dame.	15 To jest już młoda dama.

16	Er weiß sich zu benehmen. Er benimmt sich tadellos.	16	On umie się zachować. Zachowuje się bez zarzutu.
17	Er ist gesellschaftlich sehr gewandt.	17	Jest bardzo wyrobiony towarzysko.
18	Er hat keine Kinderstube. Er hat keine Manieren.	18	Nie ma żadnego wychowania, żadnych manier.
19	Er benimmt sich leider oft daneben.	19	On zachowuje się często niewłaściwie, niestety.
20	Sie ist immer gut angezogen.	20	Ona jest zawsze dobrze ubrana.
21	Sie ist sehr elegant.	21	Ona jest bardzo elegancka.
22	Sie ist sehr schick.	22	Jest szykowna.
23	Sie hat Geschmack. Sie hat einen guten Geschmack.	23	Ma gust. Ma dobry gust.
24	Sie ist ein bißchen altmodisch.	24	Ona jest nieco staromodna.
25	Sie ist eine typische Deutsche/Italienerin/Amerikanerin.	25	To typowa Niemka/Angielka/Amerykanka.
26	Wie ist er/sie menschlich?	26	Jaki on (ona) jest jako człowiek?
27	Wie ist er/sie im Wesen?	27	Jaki on (ona) ma charakter?
28	Er ist nett, sympathisch, ein feiner Kerl.	28	On jest miły, sympatyczny, to dobry człowiek.
29	Er ist sehr hilfsbereit und kameradschaftlich.	29	On jest bardzo usłużny i koleżeński.
30	Er ist rücksichtsvoll. – Er ist manchmal rücksichtslos.	30	On jest uważający. – On jest czasem bezwzględny.
31	Er ist taktvoll. – Er ist manchmal taktlos.	31	On jest taktowny. – On jest czasami nietaktowny.
32	Er ist großzügig. – Er ist geizig.	32	On jest hojny (wspaniałomyślny). – On jest skąpy.
33	Er ist stur.	33	On jest uparty.
34	Er ist sehr vernünftig. Man kann mit ihm reden.	34	On jest bardzo rozsądny. Można się z nim dogadać.
35	Er ist ruhig. – Er ist nervös.	35	On jest spokojny. – Jest nerwowy.

36	Er ist bescheiden und zurückhaltend.	36	On jest skromny i powściągliwy (zamknięty w sobie).
37	Er ist überspannt, eingebildet, arrogant.	37	On jest dziwaczny, zarozumiały, arogancki.
38	Er ist ein Angeber. Er gibt gern an.	38	On się zgrywa. On się chętnie popisuje (chce imponować).
39	Er ist interessant.	39	To ciekawy człowiek.
40	Er ist langweilig, fade, nichtssagend.	40	On jest nudny, tępy, nieciekawy.
41	Er ist fröhlich, heiter, lustig. – Er ist ernst.	41	On jest wesoły, pełen humoru, pogodny. On jest poważny.
42	Er ist sehr sicher und frei im Auftreten.	42	W zachowaniu jest pewny siebie i swobodny.
43	Er ist schüchtern und unsicher. Er ist gehemmt.	43	Jest nieśmiały, niepewny siebie, zahamowany.
44	Er ist sehr empfindlich und immer gleich beleidigt.	44	On jest bardzo wrażliwy i zaraz się obraża.
45	Er hat eine dicke Haut.	45	On jest gruboskórny.
46	Er ist humorlos. Er versteht keinen Spaß. Er nimmt alles gleich übel.	46	On nie ma poczucia humoru. Nie rozumie się na żartach. Bierze wszystko za złe.
47	Kann er/sie etwas? Wie ist er/sie im Beruf?	47	Czy on/ona coś umie? Jaki on/ona jest w swym zawodzie?
48	Er ist sehr ehrgeizig.	48	On jest bardzo ambitny.
49	Er kann etwas auf seinem Gebiet.	49	On jest bardzo zdolny w swojej dziedzinie.
50	Er wird es sicher zu etwas bringen.	50	On na pewno dojdzie do czegoś.
51	Er kann mit den Leuten umgehen.	51	On umie postępować z ludźmi.
52	Er kann sich durchsetzen.	52	On umie wszystko przeprowadzić.
53	Er wirkt überzeugend.	53	On działa przekonywująco.
54	Ich finde, er macht zu wenig aus sich.	54	Ja uważam, że on jest za mało ambitny.

55	Er ist vielseitig begabt.	55	On jest wszechstronnie uzdolniony.
56	Er ist besonders für Sprachen begabt.	56	Ma szczególne zdolności do języków.
57	Er spricht fließend Deutsch. Er spricht ganz akzentfrei.	57	Mówi płynnie po niemiecku. Mówi zupełnie bez akcentu.
58	Er ist musikalisch. Er ist eminent musikalisch.	58	Jest muzykalny. Jest wybitnie muzykalny.
59	Er ist sehr gebildet.	59	On jest bardzo wykształcony.
60	Er hat viel gesehen und gelesen. Er hat viel erlebt/durchgemacht.	60	Wiele widział i czytał, wiele przeżył.
61	Er ist schon viel herumgekommen.	61	Wiele się w świecie naobracał.

Persönliches Verhältnis / *Stosunki osobiste*

1	Ich finde ihn sehr nett. Ich finde sie reizend.	1	Uważam, że on jest bardzo miły. Uważam, że ona jest zachwycająca.
2	Ich kenne ihn/sie gut. Wir kennen uns schon lange.	2	Znam go/ją dobrze. Znamy się już od dawna.
3	Wir sind gute Freunde. Wir sind sehr gut befreundet.	3	Jesteśmy dobrymi przyjaciółmi. Jesteśmy bardzo zaprzyjaźnieni.
4	Die beiden passen gut zusammen.	4	Obydwaj (obydwie, obydwoje) pasują do siebie.
5	Sie verstehen sich sehr gut.	5	Oni się bardzo dobrze rozumieją.
6	Ich komme sehr gut mit meinen Kollegen aus.	6	Żyję bardzo dobrze z moimi kolegami.
7	Ich mag ihn nicht. Ich finde ihn schrecklich.	7	Nie lubię go. Uważam, że jest okropny.
8	Er liegt mir nicht.	8	To nie mój typ.
9	Wir können uns nicht leiden/ausstehen/riechen.	9	Nie znosimy się/nie cierpimy się.

10	Er haßt mich wie die Pest.	10	On mnie nienawidzi jak zarazę.

Wetter, Klima / Pogoda, klimat

1. Wie ist das Wetter heute?
2. Schöner Tag heute. Herrlich! Wunderbar!
3. Es könnte nicht schöner sein!
4. Strahlende Sonne und doch nicht zu heiß.
5. Es ist recht schön/ganz schön heute, finden Sie nicht?
6. Gerade recht zum Laufen, aber noch nichts zum Baden.
7. Und bei diesem Wetter muß man arbeiten! Eine Schande!
8. Wie war's denn bei Ihnen?
9. Schlecht! Regnerisch, schwül, gewittrig, unbeständig.
10. Abends war es sogar manchmal neblig.
11. Und dann war es wieder ziemlich kühl.
12. Zu kühl zum Draußensitzen.
13. Tolles Gewitter! Das blitzt und donnert!
14. Schauen Sie, wie es regnet!
15. Was heißt da: regnet? Es gießt!
16. Gestern hat es im Gebirge schon geschneit.
17. Heute nacht soll es frieren, bis fünf unter Null.
18. Morgen taut es sicher wieder.

---

1. Jaka dziś pogoda?
2. Piękny dzień dzisiaj. Wspaniały! Cudowny!
3. Nie mogło być lepszej pogody.
4. Wspaniałe słońce a jednak nie za gorąco.
5. Jest doprawdy ładnie, bardzo ładnie dzisiaj, nie sądzisz?
6. Dobra pogoda na przechadzkę, ale jeszcze nie do kąpieli.
7. I to przy takiej pogodzie musimy pracować! To skandal!
8. A jak było u Was?
9. Źle. Deszczowo, duszno, burzowo, zmiennie.
10. Wieczorem było nawet czasem mglisto.
11. A potem znowu było dość chłodno.
12. Za chłodno, żeby siedzieć na dworze.
13. Szalona burza! Grzmoty i błyskawice!
14. Popatrzcie, jak deszcz pada!
15. To się nazywa: pada? To leje!
16. Wczoraj spadł już śnieg w górach.
17. Dziś w nocy ma być mróz, aż do 5 stopni poniżej zera.
18. Jutro na pewno będzie znowu odwilż.

19	Richtiges Grippewetter, viel zu warm für Januar.	19	Prawdziwa grypowa pogoda, o wiele za ciepło jak na styczeń.
20	Es schneit, aber der Schnee bleibt nicht liegen.	20	Pada śnieg, ale śnieg stopnieje.
21	Wie ist der Wetterbericht?	21	Jaka jest zapowiedź pogody?
22	Nicht besonders. Es wird wieder schlecht.	22	Nic szczególnego. Znowu będzie brzydko.
23	Der Wetterbericht ist gut, es wird wärmer.	23	Komunikat meteorologiczny jest dobry, będzie cieplej.
24	Haben Sie den Straßenzustandsbericht gehört?	24	Czy słyszeliście już sprawozdanie drogowe?
25	Auf den meisten Pässen ist Glatteis.	25	Na większości przełęczy jest lód.
26	Zum Teil liegt Neuschnee.	26	Miejscami leży świeży śnieg.
27	Wir brauchen Schneeketten.	27	Musimy założyć na wóz łańcuchy śniegowe.
28	Das Wetter/Klima hier ist schrecklich.	28	Pogoda (klimat) tutaj jest okropna.
29	Es bekommt mir gar nicht gut.	29	Niedobrze wpływa na mnie.
30	Nachts friere ich, am Tag schwitze ich.	30	W nocy marznę, w dzień pocę się.
31	Das Wetter macht mich ganz kaputt.	31	Ta pogoda mnie zabija.
32	Spüren Sie das Wetter nicht?	32	Czy nie odczuwa Pan wpływu pogody?
33	Ich finde es herrlich hier.	33	Uważam, że tu jest wspaniale.
34	Für mich ist das Klima hier genau das Richtige.	34	Dla mnie ten tutejszy klimat jest właśnie odpowiedni.
35	Mir tut es richtig gut.	35	Naprawdę dobrze mi robi.
36	Nicht einmal der Föhn macht mir zu schaffen.	36	Nawet halniak mi nie szkodzi.

Gesundes und ungesundes Leben

Zdrowy i niezdrowy tryb życia

1	Ich lebe gesund.	1	Prowadzę zdrowy tryb życia.

2	Ich tue etwas für meine Gesundheit.	2	Dbam o swoje zdrowie.
3	Ich lebe sehr regelmäßig.	3	Prowadzę bardzo regularny tryb życia.
4	Ich bin vorsichtig mit Kaffee und Alkohol.	4	Jestem ostrożny, jeśli chodzi o kawę i alkohol.
5	Das Rauchen habe ich mir ganz abgewöhnt.	5	Zupełnie odzwyczaiłem się od palenia.
6	Ich nehme mir Zeit zum Essen, das ist wichtig!	6	Jadam powoli posiłki. To jest ważne.
7	Und jeden Tag kalt duschen, das hält jung!	7	Bardzo uważam na utrzymanie smukłej figury.
8	Ich achte sehr auf die schlanke Linie.	8	Codziennie zimny natrysk, to utrzymuje młodość.
9	Wir essen viel Obst und Gemüse, wegen der Vitamine.	9	Jadamy dużo owoców i jarzyn, ze względu na witaminy.
10	Man braucht ja deshalb kein reiner Vegetarier zu sein!	10	Nie musi się z tego powodu być całkowitym jaroszem.
11	Treiben Sie auch Sport?	11	Czy uprawia Pan sporty?
12	Ich mache viel Gymnastik.	12	Dużo gimnastykuję się.
13	Ich lebe sehr ungesund, aber was soll ich machen?	13	Prowadzę bardzo niezdrowy tryb życia, ale cóż mam robić?
14	Ich bin immer im Druck.	14	Żyję w ciągłym napięciu.
15	Dann die Unregelmäßigkeit: mal früh essen, mal spät!	15	A potem ta nieregularność: raz jem wcześnie, raz późno.
16	Das Essen stürze ich in fünf Minuten hinunter.	16	Połykam jedzenie w pięć minut.
17	Das muß sich ja irgendwann rächen.	17	To się kiedyś musi zemścić.
18	Und dann immer im Auto! Keine Bewegung!	18	A potem wciąż w samochodzie. Żadnego ruchu!
19	Sie sehen ja, wie ich dick werde!	19	Widzi Pan, jak tyję!
20	Das geht natürlich aufs Herz.	20	To naturalnie wpływa na serce.
21	Zum Sport komme ich auch nicht mehr.	21	Nie mam już czasu na sporty.

22	Bei den Besprechungen raucht man und trinkt man.	22	Na zebraniach pali się i pije.
23	Oft auf nüchternen Magen!	23	Często na pusty żołądek!
24	Und keine Nacht vor zwei ins Bett!	24	I żadnej nocy nie idę spać przed drugą.
25	Wem sagen Sie das! Ich müßte auch mal ausspannen.	25	Komu Pan to mówi? Ja także powinienem odpocząć.

Glück und Pech im Leben — *Szczęście i pech w życiu*

1	Sie sind ein Glückspilz. Sie haben immer Glück.	1	Z pana szczęściarz. Pan zawsze ma szczęście.
2	Ich beneide Sie.	2	Zazdroszczę Panu.
3	Sie haben es geschafft. Ich gratuliere!	3	Dokonał Pan swego. Gratuluję!
4	Sie haben es zu etwas gebracht.	4	Przecież Pan do czegoś doszedł.
5	Sie sind ein Pechvogel! Sie haben so viel Pech!	5	Pan jest pechowcem. Zbyt dużego ma Pan pecha.
6	Sie sind wirklich nicht zu beneiden.	6	Naprawdę nie zazdroszczę Panu.
7	Sie haben wirklich viel durchzumachen.	7	Rzeczywiście wiele Pan będzie musiał przełamać trudności.
8	Sie haben es schwer, ich weiß.	8	Wiem, że Panu ciężko.
9	Aber sie dürfen nicht aufgeben!	9	Nie może Pan rezygnować.
10	Sie dürfen jetzt den Mut nicht verlieren.	10	Teraz nie może Pan tracić odwagi.
11	Das wird schon wieder!	11	Znowu będzie dobrze!
12	Es kommt auch wieder anders!	12	Będzie inaczej.

Haus und Wohnung — *Dom i mieszkanie*

1	Wo wohnen Sie? Wie wohnen Sie?	1	Gdzie Pan mieszka? Jak Pan mieszka?

2	Wir haben ein kleines Haus mit Garten, etwas außerhalb.	2	Mam mały dom z ogrodem, trochę poza miastem.
3	Das hat viel für sich. Das hat viele Vorteile.	3	Wiele za tym przemawia. Są liczne korzyści.
4	Man muß nicht immer Rücksicht auf die anderen nehmen.	4	Nie musi się zawsze uważać na innych.
5	Andererseits ist es ziemlich abgelegen.	5	Z drugiej strony to jest dość odległy zakątek.
6	Man kann eben nicht alles haben.	6	Nie można mieć wszystkiego.
7	Unsere Wohnung liegt sehr verkehrsgünstig.	7	Nasze mieszkanie jest w doskonałym miejscu.
8	Sie liegt wirklich ideal.	8	Położenie jest naprawdę idealne.
9	Die Verbindung ist ausgezeichnet.	9	Komunikacja jest doskonała.
10	In zehn Minuten bin ich im Zentrum.	10	Za dziesięć minut jesteśmy w śródmieściu.
11	Das würde man nicht denken, so ruhig ist es hier!	11	Nigdy bym tego nie pomyślał, tak tutaj spokojnie!
12	Ist das eine Eigentumswohnung? Nein, gemietet.	12	Czy to własnościowe mieszkanie? Nie, wynajęte.
13	Ich habe nur ein Zimmer.	13	Mam tylko jeden pokój.
14	Wozu eine Wohnung für mich allein?	14	Po co mnie samemu mieszkanie?
15	Die Leute sind recht nett.	15	Ludzie są całkiem mili.
16	Die Hausfrau ist ein bißchen komisch, aber ...	16	Gospodyni jest nieco śmieszna, ale ...
17	Sie kümmert sich nicht weiter um mich.	17	Wcale się mną nie zajmuje.
18	Ich bin ganz unabhängig.	18	Jestem całkowicie niezależny.
19	Kennen Sie die Wohnung von Meiers? Einfach toll!	19	Czy zna Pan mieszkanie Meyerów? Po prostu wspaniałe!
20	Schon das Haus ist hochherrschaftlich, ganz feudal!	20	Już sam budynek jest okazały, wielkopański, luksusowy!

21	Helle, sonnige Zimmer, alles mit Blick auf den Park.	21	Jasne, słoneczne pokoje z widokiem na park.
22	Und die Einrichtung! Modern und doch gemütlich.	22	A urządzenie! Nowoczesne a jednak przytulne.
23	Es sind viereinhalb Zimmer.	23	Są tam cztery duże pokoje i jeden mniejszy.
24	Und die Küche – mit allen Schikanen!	24	A kuchnia z wszelkimi możliwymi wynalazkami!
25	Man merkt schon sehr, daß Hubers Neureiche sind.	25	Widać od razu, że Huberowie to nowobogaccy.
26	So etwas Protziges!	26	Coś takiego pretensjonalnego!
27	Die ganze Einrichtung ist teuer und geschmacklos.	27	Całe urządzenie jest kosztowne i niegustowne.
28	Und die Bilder – so etwas von Kitsch!	28	A obrazy – same szmiry.
29	Aber das Schlafzimmer sollten Sie erst mal sehen!	29	Ale powinien Pan zobaczyć sypialnię.
30	Aha, das ist also Ihr Zuhause. Hübsch!	30	A więc tutaj Pan mieszka. Ładnie tu.
31	Ja, die Bude ist ganz hübsch geworden.	31	Tak, pokój okazał się całkiem ładny.
32	Man kann mit einfachen Mitteln allerhand machen.	32	Można wiele zrobić prostymi środkami.
33	Das Zimmer war so lieblos möbliert.	33	Ten pokój był umeblowany bez smaku.
34	Ein kleines Kissen, eine hübsche Sofadecke, ein süßer kleiner Spiegel, und schon hat es irgendwie Stil.	34	Mała poduszka, ładna narzuta na sofę, miłe lustro i już to ma jakiś styl.
35	Die Miete ist erschwinglich.	35	Czynsz jest umiarkowany.
36	Für heutzutage ist das wirklich spottbillig!	36	Jak na dzisiejsze czasy to jest naprawdę tanio.
37	Um die Heizung muß ich mich nicht kümmern.	37	Nie muszę się troszczyć o opał.

38	Ich habe einen kleinen Ölofen, das ist kein Problem.	38	Mam mały piecyk naftowy, to żaden problem.
39	Einmal in der Woche wird saubergemacht.	39	Raz w tygodniu sprząta się pokój dokładnie.
40	Sonst mache ich das Zimmer selbst.	40	Poza tym ja sam go utrzymuję w porządku.
41	Wir wollen ein Haus bauen.	41	Chcemy zbudować sobie dom.
42	Wir haben schon lang einen Bausparvertrag.	42	Mamy już od dawna konto w towarzystwie budowlanym.
43	Das Grundstück habe ich von meinen Eltern geerbt.	43	Parcelę odziedziczyłem po rodzicach.
44	Wohnzimmer unten, Schlafzimmer und Bad oben?	44	Pokoje mieszkalne na dole, sypialnie i łazienka na górze?
45	Nein, einen Bungalow. Alles ebenerdig ist praktischer.	45	Nie, domek parterowy. Wszystko na parterze. To praktyczniejsze.
46	Warum nehmen Sie kein Fertighaus?	46	Dlaczego nie zakupi Pan gotowego domu?
47	Ich habe ganz bestimmte Vorstellungen von der Einteilung.	47	Mam bardzo określony pogląd na rozmieszczenie pokojów.

Hausfrau, Haushalt

Pani domu, gospodarstwo domowe

1	Haben Sie Ihren Beruf ganz aufgegeben?	1	Czy Pani zupełnie zrezygnowała z pracy zawodowej?
2	Ich kann neben dem Haushalt nichts mehr machen.	2	Przy pracach domowych nie mogę nic więcej zrobić.
3	So ein Haushalt will geführt sein!	3	Takie gospodarstwo wymaga kierowania.
4	Die Kinder wollen versorgt sein, der Mann auch.	4	Dziećmi trzeba się zająć, mężem też.

5	Dann heißt es aufräumen, staubsaugen,	5	Trzeba więc sprzątać pokoje, użyć odkurzacza
6	einkaufen,	6	porobić zakupy
7	waschen, bügeln,	7	prać, prasować
8	kochen, Geschirr spülen,	8	gotować, zmywać naczynia
9	Kinderkleider nähen,	9	uszyć dzieciom ubranka
10	zerrissene Hosen flicken,	10	połatać rozdarte spodnie
11	Knöpfe annähen.	11	przyszyć guziki.
12	Am Abend soll alles tipptopp sein.	12	Na wieczór musi być wszystko na połysk.
13	Und eine Hilfe bekommt man auch schwer.	13	A pomoc domową dostać niełatwo.
14	Aber man kann sich heute manches leichter machen.	14	Ale dzisiaj można ułatwić wiele prac.
15	Ich habe wirklich alle Geräte, die man haben kann:	15	Mam rzeczywiście wszystko, co mieć można:
16	Die vollautomatische Waschmaschine.	16	Całkowicie zautomatyzowaną pralkę.
17	Die große Wäsche gebe ich aus.	17	Większe pranie oddaję do pralni.
18	Eine Bügelmaschine.	18	Maszynę do prasowania.
19	Für kleinere Sachen nehme ich das Bügeleisen.	19	Do mniejszych rzeczy używam żelazka.
20	Einen ganz neuen Staubsauger.	20	Mam całkiem nowy odkurzacz
21	Einen Mixer und einen Entsafter.	21	Mikser i wyciskacz soków.
22	Ich kaufe allerdings Saft lieber in Dosen.	22	Co prawda kupuję chętniej soki w puszkach.
23	Einen Toaster/Toaströster.	23	Mam piecyk do wypiekania grzanek.
24	Einen ganz modernen Elektroherd.	24	Całkiem nowoczesną kuchenkę elektryczną
25	Am Wochenende gehen wir natürlich oft essen.	25	Z końcem tygodnia wychodzimy naturalnie na miasto na posiłki.
26	Eine Zickzackmaschine.	26	Mam maszynę do szycia.

27 Schneidern will ich nicht, aber für Kindersachen ...

27 Nie chcę szyć ubrań, ale do rzeczy dzieci ...

Essen

1. Ich frühstücke wie die meisten Deutschen.
2. Kaffee, Honig- oder Marmeladebrote.
3. Manchmal gibt es auch frische Brötchen/Semmeln.
4. Am Sonntag gibt es ein weiches Ei oder ein Spiegelei.
5. Das polnische Frühstück ist nicht so reichlich.
6. Milchkaffee und Weißbrot mit Butter und Marmelade.
7. Oft gibt es auch ganz frisches Stangenbrot.
8. Sonntags gibt es statt Weißbrot oft Hörnchen.
9. Zum Mittagessen haben wir oft Fleisch.
10. Was gibt es denn heute?
11. Einen Braten mit Kartoffeln und Erbsen.
12. Nudeln mit Tomatensoße und grünem Salat.
13. Kartoffelbrei mit Rührei und Schinken.
14. Kotelett oder Schnitzel mit Beilagen.
15. Fisch mit Salzkartoffeln und zerlassener Butter.

Posiłki

1. Jadam śniadanie jak większość Niemców.
2. Kawę, chleb z miodem lub marmeladą.
3. Czasem mamy świeże bułeczki.
4. W niedzielę jemy jajka na miękko lub sadzone.
5. Polskie śniadanie jest nie tak obfite
6. Najpierw jemy zupę mleczną.
7. Potem jemy szynkę, kiełbasę lub ser.
8. W końcu pijemy kawę albo herbatę z mlekiem.
9. Na obiad jemy często mięso.
10. Co jest dzisiaj?
11. Pieczeń z ziemniakami i groszkiem.
12. Makaron z sosem pomidorowym i sałatą.
13. Puree z ziemniaków z jajecznicą i szynką.
14. Kotlet albo sznycel z jarzynami.
15. Ryba z gotowanymi ziemniakami polanymi roztopionym masłem.

16	Heute gibt es aus der Dose/ Büchse: Ravioli oder so ...	16	Dziś jest też puszka ravioli albo coś podobnego ...
17	Die tiefgekühlten Sachen schmecken übrigens wie frisch.	17	Mrożonki zresztą mają smak świeżych potraw.
18	Zum Nachtisch Pudding oder Obst.	18	Na deser budyń lub owoce.
19	Oder Erdbeeren mit Schlagsahne.	19	Albo poziomki ze śmietaną.
20	Abends gibt es oft kalt, besonders im Sommer.	20	Wieczorem coś zimnego, zwłaszcza w lecie.
21	Ein bißchen Aufschnitt, ein bißchen Käse.	21	Trochę wędliny, trochę sera.

Trinken

Napoje

1 Was wollen Sie trinken?
1 Czego się Pan napije?
2 Kaffee, Tee, Schokolade, Milch.
2 Kawa, herbata, czekolada, mleko.
3 Helles oder dunkles Bier, Weißwein, Rotwein.
3 Jasne lub ciemne piwo, białe wino, czerwone wino.
4 Mineralwasser, Limonade.
4 Woda mineralna, lemoniada.
5 Apfelsaft, Traubensaft, Johannisbeersaft.
5 Sok jabłkowy, winogronowy, sok z czarnych porzeczek.
6 Orangensaft natur.
6 Naturalny sok pomarańczowy.
7 Oder etwas Alkohol?
7 A może trochę alkoholu?
8 Kognak, Whisky, Gin?
8 Koniak, wódka, jałowcówka?
9 Oder was Gemixtes?
9 Albo coś mieszanego?
10 Ich trinke den Kaffee schwarz.
10 Pijam czarną kawę.
11 Den Whisky bitte pur, mit Eis, für meine Frau mit Soda.
11 Proszę o czystą whisky, z lodem, dla mojej żony z wodą sodową.
12 Das Bier bitte nicht ganz kalt.
12 Proszę o piwo nie całkiem zimne.
13 Der Wein hat gerade die rechte Temperatur.
13 To wino ma właściwą temperaturę.
14 Den Wein müßte man kälter servieren.
14 Wino należało podać chłodniejsze.

15 Zum Fisch weißen, zum Braten roten Wein, bitte.	15 Do ryby białe wino, do pieczeni czerwone, proszę.
16 Darf ich auf Ihr Wohl anstoßen?	16 Czy mogę trącić się z Panem?
17 Prost! / Wohl bekomm's! / Zum Wohlsein!	17 Zdrowie! Pańskie zdrowie! W Pańskie ręce!
18 Alkohol bekommt mir nicht.	18 Alkohol mi nie służy.
19 Der Wein ist mir gestern nicht gut bekommen.	19 Wczorajsze wino nie zrobiło mi dobrze.
20 Ich vertrage nichts mehr.	20 Nie mogę już więcej.
21 Der Wein ist ihm in den Kopf gestiegen.	21 Wino uderzyło mu do głowy.
22 Ich finde, bei Whisky behält man einen klaren Kopf.	22 Uważam, że po whisky zachowuję jasną głowę.
23 Ich habe einen Kater.	23 Mam zgagę po przepiciu.
24 Man merkt Ihnen aber nichts an.	24 Nic po Panu tego nie widać.
25 Er ist betrunken. Er weiß nicht mehr, was er sagt.	25 On się upił. On już nie wie co mówi.
26 Ein kleiner Schwips kann herrlich sein!	26 Lekkie zawianie może być przyjemne.
27 Ich glaube, ich bin beschwipst.	27 Zdaje mi się, że sobie podpiłem.

Rauchen

Palenie

1 Rauchen Sie? Was rauchen Sie?	1 Czy Pan pali? Co Pan pali?
2 Danke, ich bin Nichtraucher. Ich rauche nicht.	2 Dziękuję, jestem niepalący, nie palę.
3 Ich rauche Zigaretten. Ich rauche Zigarre/Zigarren.	3 Palę papierosy. Palę cygara.
4 Ich rauche nur mit Filter.	4 Palę tylko papierosy z filtrem.
5 Ich rauche nur Schwarze/ schwarze Zigaretten.	5 Palę tylko papierosy z ciemnym tytoniem.

6 Bei der Arbeit rauche ich Pfeife.
7 Ich habe einen herrlichen englischen Tabak.
8 Riechen Sie mal. Wollen Sie ihn probieren?
9 Der Arzt sagt, ich soll das Rauchen aufgeben.
10 Ich habe schon versucht, es mir abzugewöhnen.
11 Aber es ist schwer, darauf zu verzichten.
12 Eine Zigarette nach dem Essen – das gehört einfach dazu!

6 Przy pracy palę fajkę.
7 Mam wspaniały angielski tytoń.
8 Niech Pan powącha. Czy chce go Pan spróbować?
9 Lekarz mówi, że powinienem rzucić palenie.
10 Już próbowałem odzwyczaić się.
11 Ale ciężko jest z tego zrezygnować.
12 Papieros po jedzeniu – to po prostu musi być.

Bei Tisch

1 Darf ich Ihnen noch etwas Fleisch geben?
2 Gern, vielen Dank.
3 Aber wirklich nur noch ein kleines Stückchen.
4 Dürfte ich Sie um ein Stück Brot bitten?
5 Würden Sie mir bitte das Salz herübergeben?
6 Darf ich um die Soße bitten?
7 Bitte, Sie nehmen sich doch selbst?
8 Ich muß Ihnen doch nicht immer anbieten?
9 Sagen Sie nur, was Sie brauchen.
10 Wenn Ihnen etwas nicht zusagt, lassen Sie es ruhig stehen.

Przy stole

1 Czy pozwoli Pan jeszcze trochę mięsa?
2 Chętnie, bardzo dziękuję.
3 Ale naprawdę tylko jeszcze malutki kawałek.
4 Czy mogę prosić o kawałek chleba?
5 Czy zechce mi Pan przysunąć sól?
6 Czy mogę prosić o sos?
7 Proszę, niech Pan bierze.
8 Chyba nie muszę Pana wciąż namawiać?
9 Niech Pan tylko powie, czego Panu potrzeba.
10 Jeśli coś Panu nie odpowiada niech Pan spokojnie zostawi.

11	Sie sind unser Essen sicher nicht gewöhnt.	11	Z pewnością nie jest Pan przyzwyczajony do naszego wiktu.
12	Es tut mir leid, aber ich bin kein großer Esser.	12	Bardzo mi przykro, ale nie jadam dużo.
13	Entschuldigen Sie, ich muß mit Fett etwas aufpassen.	13	Przepraszam, muszę uważać na tłuszcz.
14	Ich muß leider mit dem Magen etwas vorsichtig sein.	14	Muszę, niestety, uważać na to, co jem.
15	Meine Leber ist leider nicht ganz in Ordnung.	15	Moja wątroba nie jest, niestety, w porządku.
16	Sie haben so hübsch gedeckt!	16	Jak Pani pięknie nakryła do stołu.
17	Wie hübsch Sie das alles hergerichtet haben!	17	Jak Pani wszystko pięknie naszykowała!
18	Ich sage immer: Das Auge ißt mit.	18	Ja zawsze powtarzam: wszystko musi wyglądać apetycznie.
19	Sie haben so schönes Geschirr.	19	Macie Państwo piękną zastawę stołową.
20	Das moderne Besteck paßt auch gut dazu.	20	Nowoczesne sztućce dobrze się z nią zgadzają.

Im Lokal

W lokalu

1	Die Herrschaften wünschen?	1	Państwo życzą sobie?
2	Die Karte bitte. Und die Getränkekarte.	2	Proszę o kartę dań i napojów.
3	Wir möchten gern bestellen.	3	Chcielibyśmy zamówić...
4	Was können Sie uns heute empfehlen?	4	Co nam Pan może dzisiaj polecić?
5	Ist das mild? Ist das sehr scharf?	5	Czy to jest łagodne w smaku czy bardzo ostre?
6	Es ist stark gewürzt, ziemlich pikant.	6	To jest mocno przyprawione korzeniami, dość pikantne.

7	Ich möchte nur eine Kleinigkeit.	7	Chciałbym tylko jakiś drobiazg.
8	Ich hätte gern etwas Leichtes.	8	Chciałbym coś lekkiego.
9	Was geht denn schnell?	9	Co można mieć szybko?
10	Könnte ich statt Kartoffeln Reis dazu haben?	10	Czy nie mógłbym dostać do tego ryżu zamiast ziemniaków?
11	Das Steak bitte englisch.	11	Proszę o befsztyk po angielsku.
12	Für mich bitte rosa, nicht ganz durch.	12	Dla mnie proszę nie zanadto wysmażony.
13	Ein Helles/Dunkles bitte. (= 1/2 Liter)	13	Proszę o jasne piwo/ciemne (= 1/2 litra)
14	Ein kleines Helles bitte. (= 1/4 Liter)	14	Małe jasne proszę (= 1/2 litra)
15	Einen Schoppen Rotwein. (= 1/4 Liter)	15	Proszę o szklankę czerwonego wina (= 1/2 litra)
16	Herr Ober, bitte! Fräulein, bitte!	16	Kelner, proszę! Kelnerka!
17	Die Suppe kann ich nicht essen. Sie ist ganz kalt.	17	Tej zupy nie mogę jeść. Jest zupełnie zimna.
18	Sie ist total versalzen.	18	Ta supa jest okropnie przesolona.
19	Der Fisch ist nicht durch. Er ist noch halb roh.	19	Ta ryba nie jest dobrze przyrządzona. Jest na pół surowa.
20	Ich wollte ein 4-Minuten-Ei, das hier ist hart!	20	Prosiłem o jajko gotowane przez 4 minuty, a ono jest całkiem twarde.
21	Herr Ober, bitte zahlen!	21	Proszę płacić!
22	Ich bin hier schon einmal reingefallen.	22	Już tu się kiedyś dałem nabrać.
23	Da war ich heute zum letztenmal!	23	Dziś tu jestem ostatni raz.
24	Viel zu teuer für das, was sie bieten!	24	O wiele za drogi lokal w stosunku do tego, co dają.
25	Ein richtiges Nepplokal!	25	Prawdziwy lokal dla bogaczy.

26	Und diese hochnäsige Bedienung!	26	I ta obsługa arogancka!
27	Es ist nett hier.	27	Tu jest miło.
28	Man ißt gut hier.	28	Tu się dobrze jada.
29	Die Bedienung ist wirklich aufmerksam.	29	Obsługa jest naprawdę uważająca.
30	Wir haben das Lokal erst kürzlich entdeckt.	30	Dopiero co odkryliśmy ten lokal.
31	Man kann es wirklich empfehlen.	31	Można go naprawdę polecić.

In verschiedenen Geschäften — *W rozmaitych sklepach*

1	Bitte haben Sie...? Ich hätte gern...	1	Przepraszam, czy jest...? Chciałbym...
2	Ich suche... Ich brauche...	2	Szukam... Trzeba mi...
3	Ist das Brot frisch?	3	Czy ten chleb jest świeży?
4	Ich hätte lieber eines von gestern.	4	Wolałbym wczorajszy (czerstwy).
5	Und ein Paket Zwieback, bitte.	5	I pakiecik sucharków.
6	Eine Flasche Milch.	6	Butelkę mleka.
7	Zwölf Eier, bitte.	7	Dwanaście jaj.
8	Einen Viertelliter Sahne. (südd.: Schlagrahm).	8	Ćwierć litra śmietany.
9	Drei Schweineschnitzel. Bitte klopfen!	9	Trzy schabowe, dobrze zbite.
10	Hundert Gramm Aufschnitt und fünfzig von dem Schinken.	10	Sto gramów wędliny, pięćdziesiąt szynki.
11	Sind die Äpfel süß? (sauer, säuerlich, saftig, mehlig).	11	Czy te jabła są słodkie? (kwaśne, kwaskowe, soczyste, mączaste)
12	Sind die Orangen saftig/strohig?	12	Czy te pomarańcze są soczyste/wysuszone?
13	Ist der Kopfsalat frisch?	13	Czy ta sałata jest świeża?
14	Reife Tomaten, aber nicht zu weich!	14	Proszę o dojrzałe pomidory, ale niezbyt miękkie.

15	Ich suche Schnürsenkel,	15	Szukam sznurowadel,
16	einen Bindfaden/eine Schnur, ein Gummiband,	16	sznurka, sznura, gumki,
17	Tesafilm, Klebestreifen,	17	celofanu, gumowanej taśmy papierowej,
18	Packpapier, einen Pappkarton.	18	papieru pakunkowego, pudełka kartonowego.

Im Konfektionshaus

W sklepie z konfekcją

1. Ich möchte einen Anzug/ein Kostüm.
2. Etwas Wärmeres für den Winter und die Übergangszeit.
3. Etwas Leichtes, für den Sommer.
4. Er muß etwas aushalten, ich bin viel auf Reisen.
5. Wie trägt sich der Stoff?
6. Knittert er leicht?
7. Hält er die Form? Hält die Bügelfalte?
8. Ich finde, so etwas kann ich nicht tragen.
9. Haben Sie nicht etwas Konservativeres?
10. Ich hätte ihn gern etwas gedeckter, nicht so empfindlich.
11. Das Muster ist mir zu kräftig.
12. Das ist genau das, was ich suche.
13. Der sitzt wirklich wie nach Maß.

---

1. Chciałbym kupić ubranie/kostium.
2. Coś cieplejszego na zimę i okres przejściowy.
3. Coś lekkiego na lato.
4. To musi być trwałe, bo dużo podróżuję.
5. Jak się ten materiał nosi?
6. Czy łatwo się mnie?
7. Czy zachowuje formę, zaprasowane kanty?
8. Uważam, że czegoś takiego nie mogę nosić.
9. Czy nie ma Pan czegoś bardziej konserwatywnego?
10. Wolałbym coś ciemniejszego, żeby nie było znać na nim plam.
11. Ten wzór jest dla mnie zbyt rzucający się w oczy.
12. To właśnie to, czego szukam.
13. To leży tak, jakby było robione na miarę.

14 Ich glaube, wir müssen die Ärmel kürzen.
15 Die Hose ist im Bund zu weit, wir machen sie enger.

14 Wydaje mi się, że trzeba skrócić rękawy.
15 Spodnie są w pasie zbyt szerokie, trzeba je zwęzić.

Wäscherei und Reinigung

1 Sechs Hemden, waschen und bügeln, bitte.
2 Wie lang dauert das?
3 Und Expreß geht es bis morgen?
4 Macht das im Preis viel aus?
5 Und das bitte reinigen: ein Anzug, ein Regenmantel, ein Kleid, ein Anorak.
6 Wann kann ich die Sachen abholen?

Pranie i czyszczenie

1 Sześć koszul do wyprania i wyprasowania.
2 Jak długo to potrwa?
3 A ekspresowo będzie na jutro?
4 Czy jest wielka różnica w cenie?
5 Proszę wyczyścić: ubranie, deszczowiec, suknię, wiatrówkę.
6 Kiedy mogę odebrać te rzeczy?

Beim Schuster

1 Ein paar Ledersohlen, bitte.
2 Schauen Sie, hat es einen Sinn, die nochmals zu richten?
3 Machen Sie bitte dünne Gummiabsätze drauf.
4 Dann brauche ich noch Schnürsenkel und farblose Schuhcreme.

U szewca

1 Proszę o parę skórzanych podeszew.
2 Proszę popatrzeć, czy ma sens jeszcze to naprawiać?
3 Proszę nałożyć cienkie gumowe obcasy.
4 Potrzebuję jeszcze sznurowadeł i bezbarwnej pasty do bucików.

Auf der Post

1 Bitte zehn Dreißiger (Briefmarken zu 30 Pfennig).

Na poczcie

1 Proszę dziesięć znaczków po 30 fenigów.

2 Den Brief bitte einschreiben.
3 Und den hier per Eilboten.
4 Geht das als Päckchen oder ist es zu schwer?
5 Sind die Zahlkarten richtig ausgefüllt?

6 Und hier habe ich eine Postanweisung für Polen.
7 Ist etwas für mich postlagernd da? Hier ist mein Ausweis.

2 List polecony.
3 A ten ekspres.
4 Czy to pójdzie jako paczuszka, czy jest za ciężkie?
5 Czy przekazy (blankiet nadawczy) są dobrze wypełnione?
6 A tu nam przekaz pieniężny do Polski.
7 Czy jest coś dla mnie na poste restante? Oto mój dowód osobisty.

Fernamt und Telegrafenamt

Urząd telefoniczny i telegraficzny

1 Ist dort die Telegrammaufnahme?
2 Bitte ein Telegramm nach Warschau.
3 Hier ist München 22 48 79 (zwo, zwo, vier, acht, sieben, neun), Wolfgang Halm.

4 Die Adresse: Adam Morawski – ich buchstabiere: Adam, Dorota, Adam, Maria, Maria, Olga, Roman, Adam, Wacław, Stanisław, Karol, Irena.
5 Das deutsche Buchstabieralphabet:

Anton	Charlotte
Ärger	Dora
Berta	Emil
Cäsar	Friedrich

1 Czy tu przyjmuje się depesze?
2 Proszę wysłać tę depeszę do Warszawy.
3 Tu Monachium 22 48 79 (dwa, dwa, cztery, osiem, siedem, dziewięć), Wolfgang Halm.
4 Adres: Adam Morawski – literuję: Adam, Dorota, Adam, Maria, Maria, Olga, Roman, Adam, Wacław, Stanisław, Karol, Irena.
5 Polski alfabet do literowania:

Adam	Ewa
Barbara	Franciszek
Celina	Genowefa
Dorota	Henryk

Gustav	Richard	Irena	Roman
Heinrich	Samuel	Jadwiga	Stanisław
Ida	Schule	Karol	Tadeusz
Julius	Theodor	Leon	Urszula
Kaufmann	Ulrich	Łukasz	Wacław
Ludwig	Übermut	Maria	Xantypa
Martha	Viktor	Natalia	Ypsylon
Nordpol	Wilhelm	Olga	Zygmunt
Otto	Xanthippe	Paweł	
Ökonom	Ypsilon		
Paula	Zacharias		
Quelle			

6 Und der Text:...
7 Unterschrift: Michal Michalski. Wiederholen Sie bitte?
8 Ist dort das Fernamt?
9 Bitte ein Gespräch nach Warschau.
10 Sie können direkt wählen. Die Vorwahl ist...

11 Bitte ein Gespräch mit persönlicher Voranmeldung für Herrn Adam Morawski.

6 A tekst...
7 Podpis: Michał Michalski. Proszę powtórzyć.
8 Czy to urząd telefoniczny?
9 Proszę o połączenie mnie z Warszawą.
10 Może Pan połączyć się automatycznie. Numer połączeń z Warszawą...

11 Proszę o rozmowę z wywołaniem – z panem Adamem Morawskim.

Am Telefon

1 (Ich rufe an:) Bitte Herrn Meier.
2 Verbinden Sie mich bitte mit Herrn Meier.
3 Ich möchte gern Herrn Direktor Müller sprechen.
4 Wann kann ich ihn am besten erreichen?

Przy telefonie

1 (Ja telefonuję:) Pana Meiera proszę.
2 Proszę połączyć mnie z panem Meierem.
3 Chciałbym rozmawiać z panem dyrektorem Müllerem.
4 Kiedy można najlepiej z nim rozmawiać?

5	Könnten Sie ihm etwas bestellen/ausrichten?	5	Czy mógłby Pan (Pani) przekazać mu wiadomość?
6	Oder könnte er vielleicht zurückrufen?	6	A może on mógłby do mnie zadzwonić?
7	Wollen Sie meine Nummer notieren?	7	Proszę zanotować mój numer.
8	Ich bin den ganzen Tag unter Nummer 26 64 78 zu erreichen.	8	Można do mnie dzwonić przez cały dzień pod numerem 26 64 78.
9	(Ich werde angerufen:) Hier Wagner.	9	(Dzwonią do mnie:) Tutaj Wagner.
10	Wen wollen Sie sprechen? Herrn Moll?	10	Z kim Pan chce rozmawiać? Z panem Mollem?
11	Er kann gerade nicht an den Apparat.	11	Nie może na razie podejść do aparatu.
12	Könnten Sie später noch einmal/noch mal anrufen?	12	Czy mógłby Pan jeszcze raz zadzwonić nieco później?
13	Ich kann gern etwas bestellen/ausrichten.	13	Mogę mu coś przekazać.
14	Wie war Ihr Name, bitte?	14	Jak nazwisko, proszę?
15	Einen Moment, bleiben Sie am Apparat, er kommt gerade.	15	Chwileczkę, proszę poczekać przy aparacie, właśnie nadchodzi.
16	Ich gebe Ihnen Herrn Moll, einen Augenblick.	16	Chwileczkę, zaraz Pana połączę z panem Mollem.
17	Er kommt gleich selbst an den Apparat.	17	On zaraz podejdzie do aparatu.

Beim Friseur

U fryzjera

1. Rasieren, bitte.
2. Schneiden, bitte.
3. Nein, nicht waschen. Sie sind frisch gewaschen.

1. Golenie, proszę.
2. Strzyżenie, proszę.
3. Nie, nie trzeba myć włosów. Są świeżo umyte.

4 Ziemlich kurz, aber hinten und an den Seiten nicht zuviel weg, bitte!	4 Dość krótko, ale z tyłu i z boków proszę nie przycinać za dużo.
5 Ohne Scheitel, bitte, alles nach hinten.	5 Bez rozdziałka proszę, włosy zaczesać do tyłu.
6 Waschen, schneiden und legen, bitte.	6 Proszę mycie, strzyżenie i ułożenie włosów.
7 Nur ein wenig nachschneiden, bitte.	7 Proszę tylko trochę przyciąć.
8 Sie sehen ja, wie ich es hatte.	8 Widzi Pan, jak się czeszę.
9 Bitte ja nicht zu kurz auf der Seite.	9 Tylko nie za krótko po bokach.
10 Ja, ich glaube, so ist es gut.	10 Tak, zdaje mi się, że tak jest dobrze.

In der Apotheke, in der Drogerie

W aptece, w drogerii

1 Bitte etwas gegen Kopfschmerzen (Magenschmerzen).

2 Etwas gegen Fieber (Grippe), bitte.

3 Bitte ein leichtes Schlafmittel (ein Beruhigungsmittel, Reisetabletten).

4 Bitte ein leichtes Abführmittel.

5 Bitte etwas gegen Durchfall (Brechdurchfall).

6 Bitte eine elastische Binde.
7 Ein Päckchen Hansaplast.
8 Eine Rolle Leukoplast und Verbandmull.

1 Proszę coś na ból głowy (żołądka).

2 Coś przeciw grypie (gorączce).

3 Proszę o łagodny środek nasenny/uspokajający, przeciw wszelkim chorobom podczas podróży.

4 Proszę o łagodny środek przeczyszczający.

5 Proszę o coś przeciw biegunce (wymiotom).

6 Proszę o opaskę elastyczną.
7 Paczkę poloplasta.
8 Rolkę leukoplasta i gazę.

9	Ich hätte gern eine Sonnenschutzcreme, ein Sonnenöl ...	9	Prosiłbym o krem przeciw opaleniźnie, o olejek ...
10	eine Sonnenbrille,	10	okulary słoneczne
11	eine Zahnbürste, Zahnpasta/Zahncreme,	11	szczoteczkę i pastę do zębów
12	ein Mundwasser,	12	wodę do ust
13	eine desodorierende Seife, einen desodorierenden Stift,	13	mydło odwaniające, sztyfcik odwaniający
14	einen Hautpuder, einen desodorierenden Puder,	14	puder zwykły, puder odwaniający
15	Rasierklingen, eine Rasierseife, ein Rasierwasser,	15	żyletki, mydło do golenia, woda po goleniu
16	ein Rasierwasser für die Trockenrasur,	16	woda do golenia na sucho
17	einen Lippenstift,	17	kredkę do ust
18	einen Puder, ein flüssiges Make-up/einen flüssigen Puder,	18	puder, makijaż w płynie (płynny puder)
19	eine Nagelschere, eine Nagelfeile, ein Nagelnecessaire,	19	nożyczki do manicure, pilnik do paznokci, neseser
20	einen Nagellack, einen Nagellackentferner,	20	lakier do paznokci, płyn do zmywania lakieru
21	eine Wimperntusche,	21	tusz do brwi
22	ein Shampoo, ein Schampun, Lockenwickel,	22	szampon, szpilki do zakręcania włosów
23	einen Haarfestiger.	23	utrwalacz do włosów.

Beim Arzt

U lekarza

1	Ich möchte mich gern untersuchen lassen.	1	Chiałbym dać się zbadać.
2	Ich habe hier Schmerzen.	2	Tu mnie boli.
3	Ich möchte sicher sein, daß nichts gebrochen ist.	3	Chciałbym się upewnić, czy nie ma złamania.
4	Können Sie mir etwas verschreiben?	4	Czy mógłby mi Pan coś zapisać?

5 Muß ich irgendwie mit dem Essen vorsichtig sein?
6 Darf ich so Auto fahren (baden, Tennis spielen)?
7 Was kann man dagegen machen?

5 Czy muszę uważać na jedzenie?
6 Czy mogę prowadzić auto (kąpać się, grać w tenisa)?
7 Co można na to poradzić?

Beim Zahnarzt

1 Mir ist hier eine Plombe/Füllung herausgebrochen.
2 Ich habe sonst nie etwas mit den Zähnen/an den Zähnen.
3 Ich habe hier plötzlich Schmerzen.
4 Es tut weh, wenn ich etwas Heißes (Kaltes, Süßes) esse.
5 Ich glaube, es ist neben der Krone.
6 Das Zahnfleisch blutet leicht.
7 Dieser Zahn/Wurzel muß gezogen werden.

U dentysty

1 Wypadła mi plomba.
2 Nigdy nie miałem kłopotu z zębami.
3 Tu nagle czuję ból.
4 Boli mnie gdy jem coś gorącego (zimnego, słodkiego).
5 Zdaje mi się, że to jest obok korony.
6 Dziąsła trochę krwawią.
7 Ten ząb (korzeń) trzeba wyrwać.

Lebenslauf, Familie

(Es handelt sich um Gesprächssätze, nicht um die stereotypen Formulierungen des schriftlichen Lebenslaufs.)

1 Ich bin in München geboren.
2 Ich bin auf dem Lande/in der Stadt aufgewachsen.
3 Ich war ein paar Jahre im Internat.

Życiorys, rodzina

(Chodzi o zdania używane w rozmowie, a nie o stereotypowe sformułowania urzędowego życiorysu)

1 Urodziłem się w Monachium.
2 Wyrosłem na wsi (w mieście).
3 Przez parę lat przebywałem w internacie szkolnym.

4	Mit 18 habe ich (das) Abitur gemacht.	4	W wieku lat 18 zdałem maturę.
5	Dann habe ich in München und Berlin studiert.	5	Potem studiowałem w Monachium i w Berlinie.
6	Ich bin auf die Universität/ die Uni gegangen.	6	Wstąpiłem na uniwersytet.
7	Mein Bruder hat an der TH studiert. (sprich: Te-Há)	7	Mój brat studiował na politechnice.
8	Zwischendurch war ich ein Jahr in England.	8	W międzyczasie spędziłem rok w Anglii.
9	Ich habe dann noch meinen Doktor gemacht.	9	Potem jeszcze zrobiłem doktorat.
10	Ich habe dann noch promoviert.	10	Zostałem promowany.
11	Meine Frau habe ich in London kennengelernt.	11	Moją żonę poznałem w Londynie.
12	Ihre Eltern waren ja nicht so ganz einverstanden, aber ...	12	Jej rodzice nie bardzo się godzili, ale ...
13	Ich habe ziemlich jung geheiratet.	13	Ożeniłem się dość młodo.
14	Und jetzt sind die Kinder auch schon wieder so groß.	14	A teraz dzieci już są takie duże.
15	Wie die Zeit vergeht!	15	Jak ten czas leci.
16	Meine Älteste will sich an Weihnachten verloben.	16	Moja najstarsza córka zaręczy się w okresie Bożego Narodzenia.
17	Ich weiß ja nicht..., sie ist noch sehr jung.	17	Nie wiem doprawdy ... ona jest jeszcze bardzo młoda.
18	Ich finde, sie sollte erst mal fertigmachen.	18	Uważam, że powinna najpierw skończyć swoją edukację.
19	Irgendeinen Abschluß sollte sie schon haben.	19	Jakieś kwalifikacje mieć powinna.
20	Mein Sohn weiß noch nicht genau, was er will.	20	Mój syn nie wie jeszcze, czym chce być.
21	Eine Zeitlang wollte er Lehrer werden.	21	Przez jakiś czas chciał zostać nauczycielem.

22	Das habe ich ihm ausgeredet.	22	To mu wybiłem z głowy.
23	Es ist schwierig, er ist so vielseitig begabt.	23	To niełatwe, on jest tak wszechstronnie uzdolniony.
24	Aber es hat ja noch Zeit.	24	Ale on ma jeszcze czas.
25	Auf jeden Fall soll er ein Jahr nach Amerika.	25	W każdym razie pojedzie na rok do Ameryki.
26	Vielleicht kann er ein Stipendium bekommen.	26	Może dostanie stypendium.
27	Meiers erwarten das dritte Kind.	27	Meierowie spodziewają się trzeciego dziecka.
28	Die Kinder sind wirklich gut erzogen.	28	Dzieci są naprawdę dobrze wychowane.
29	Sie verbieten ihnen nicht zuviel, aber sie lassen ihnen auch nicht alles durchgehen.	29	Rodzice nie zabraniają im zbyt wiele, ale też i nie pozwalają na wszystko.
30	Kinder müssen wissen, wo eine Grenze ist.	30	Dzieci muszą wiedzieć, gdzie jest granica.
31	Sie können ruhig frech sein, aber nicht ungezogen.	31	Mogą być śmiałe, ale muszą zachowywać się przyzwoicie.
32	Zu brav ist ja auch nichts!	32	Nie chcę, żeby były zbyt grzeczne.
33	Wenn Besuch da ist, produzieren sie sich natürlich gern.	33	Kiedy ktoś przyjdzie z wizytą, lubią naturalnie popisywać się.
34	Aber richtig aufdringlich sind sie nie.	34	Ale nigdy nie są nieznośne.

Feste, Glückwünsche, Anteilnahme

Święta, gratulacje, kondolencje

1	Alles Gute zum Neuen Jahr!	1	Wszystkiego dobrego w Nowym Roku!
2	Prosit Neujahr! (beim Anstoßen)	2	(Przy trącaniu się kieliszkami) Szczęśliwego Nowego Roku!

3 Frohe Ostern/fröhliche Ostern!

4 Schöne/frohe Feiertage! (an Ostern, Pfingsten, Weihnachten)

5 Frohe Weihnachten!

6 Fröhliche Weihnachten und ein gutes neues Jahr!

7 Meinen herzlichen Glückwunsch zum Geburtstag!

8 Herzlichen Glückwunsch zur Verlobung/zur Hochzeit/zum Stammhalter!

9 Mein herzliches Beileid.

10 Aufrichtige Teilnahme.

3 Wesołych Świąt (Wielkanocnych)!

4 Wesołych Świąt (na Wielkanoc, Zielone Świątki, Boże Narodzenie)

5 Wesołych Świąt! / Bożego Narodzenia!

6 Wesołych Świąt Bożego Narodzenia i szczęśliwego Nowego Roku!

7 Najlepsze życzenia w dzień urodzin.

8 Najlepsze życzenia w dniu zaręczyn, ślubu, urodzenia się pierworodnego syna.

9 Serdeczne wyrazy współczucia.

Freizeit
(vgl. Ferien, Urlaub, S. 55)

1 Haben Sie ein Hobby?
2 Fotografieren Sie? Machen Sie Dias?
3 Treiben Sie Sport? Treiben Sie Gymnastik?
4 Gehen Sie gern segeln/tanzen/ schwimmen/schifahren/bergsteigen/klettern?

5 Lesen Sie gern? Lesen Sie viel?

6 Gehen Sie viel ins Theater?

Czas wolny od zajęć
(wakacje, urlop)

1 Czy ma Pan jakieś hobby?
2 Czy fotografuje Pan, robi przeźrocza?
3 Czy uprawia Pan sporty, gimnastykę?
4 Czy chętnie Pan uprawia żeglarstwo / pływanie, narciarstwo, wspinaczkę górską?

5 Czy chętnie Pan czyta? Czy Pan czyta dużo?

6 Czy chodzi Pan często do teatru?

7	Sammeln Sie auch Briefmarken?	7	Czy zbiera Pan także znaczki pocztowe?
8	Sammeln Sie Platten?	8	Czy zbiera Pan płyty?
9	Spielen Sie auch selbst? Spielen Sie ein Instrument?	9	Czy Pan sam także gra na jakimś instrumencie?
10	Ich gehe für mein Leben gern ins Kino.	10	Chodzę bardzo chętnie do kina.
11	Am liebsten ist mir ein guter Western/Krimi.	11	Najbardziej lubię jakiś western/film kryminalny.
12	Was gibt's denn heute?	12	Co grają dzisiaj?
13	Wo läuft denn der neue Hitchcock?	13	Gdzie grają nowy film Hitchcocka?
14	Meinen Sie, für die Oper gibt's noch Karten?	14	Czy sądzi Pan, że można będzie jeszcze dostać bilety na operę?
15	Sicher ist alles ausverkauft.	15	Z pewnością są wykupione.
16	Vielleicht gibt es noch ein paar teure Plätze.	16	Może jest jeszcze kilka drogich miejsc.
17	Das nächstemal bestellen wir rechtzeitig!	17	Następnym razem trzeba je w porę zakupić.
18	Wer singt denn den Figaro? Und wer dirigiert?	18	Kto śpiewa Figaro? A kto dyryguje?
19	Gehen Sie mit ins Konzert? Ich habe Karten.	19	Czy pójdzie Pan ze mną na koncert? Mam bilety.
20	Karajan dirigiert die Berliner Philharmoniker.	20	Karajan dyryguje orkiestrą filharmonii berlińskiej.
21	Geza Anda spielt das Brahms-d-Moll-Konzert.	21	Geza Anda gra koncert D-Moll Brahmsa
22	Vorher ist die Es-Dur-Symphonie von Mozart.	22	Przedtem zostanie odegrana symfonia Es-Dur Mozarta.
23	Interessieren Sie sich auch für Kammermusik?	23	Czy interesuje się Pan również muzyką kameralną?
24	Was hören Sie am liebsten im Radio?	24	Czego Pan najchętniej słucha w radiu?
25	Heute abend kommt im 2. Programm ein Hörspiel.	25	Dziś wieczorem będzie słuchowisko w drugim programie.

26	Vorher ist die Übertragung vom Länderspiel Deutschland–Polen.	26	Przedtem jest transmisja meczu między Niemiecką Republiką Federalną i Polską.
27	Ich höre eigentlich wenig Radio, nur die Nachrichten und den Wetterbericht.	27	Ja właściwie niewiele słucham radia, tylko wiadomości i komunikatów o pogodzie.
28	Ich verstehe nicht, wie sich manche Leute den ganzen Tag berieseln lassen.	28	Nie rozumiem, jak niektórzy ludzie potrafią nastawiać radio na cały dzień.
29	Mein Bruder könnte gar nicht ohne Radio sein!	29	Mój brat nie mógłby żyć bez radia.
30	Was halten Sie vom Fernsehen?	30	Co Pan myśli o telewizji?
31	Manchmal kommen recht interessante Dinge.	31	Czasem są tam całkiem interesujące rzeczy.
32	Vor allem das Studienprogramm/das 3. Programm finde ich sehr gut.	32	Przede wszystkim uważam program naukowy (3-ci program) za bardzo dobry.
33	Haben Sie neulich die Sendung über Frankreich gesehen?	33	Czy widział Pan ostatnio program na temat Francji?

Ferien, Urlaub

Wakacje, urlop

1	Wir gehen in Urlaub, wenn die Kinder Ferien haben.	1	Pojedziemy na urlop, kiedy dzieci zaczną wakacje.
2	Ich möchte nur ausspannen, ich habe es nötig.	2	Chciałbym tylko odpocząć, potrzebuję tego.
3	Eine ganze Woche lang (jeden Tag) ausschlafen!	3	Wyspać się (codziennie) przez cały tydzień.
4	Wir wollen es diesmal gemütlich machen.	4	Tym razem urządzimy się wygodnie.
5	Wir haben schon bei einem Reisebüro gebucht.	5	Zamówiliśmy już miejsca w biurze podróży.
6	Da braucht man sich um nichts weiter zu kümmern.	6	Nie musi się już człowiek o nic kłopotać.

7	Wir fliegen, da verlieren wir nicht soviel Zeit.	7	Lecimy samolotem, nie stracimy tyle czasu.
8	Meine Frau möchte gern etwas sehen.	8	Moja żona chciałaby coś zobaczyć.
9	Wir fahren mit dem Auto, dann ist man unten beweglicher. („unten" = südlich; „oben", „droben" = nördlich; „drüben" = östlich oder westlich)	9	Pojedziemy autem, wtedy łatwiej się poruszać. („unten" = na południu; „oben", „droben" = na północy, „drüben" = na wschodzie lub zachodzie)
10	Wir haben viel vor in den Ferien.	10	Planujemy mnóstwo rzeczy na czas wakacji.
11	Wir wollen bis nach Sizilien runter.	11	Chcemy pojechać na południe aż na Sycylię.
12	Ich glaube, wir schaffen es in vier Tagen, wenn nichts dazwischenkommt.	12	Wydaje mi się, że uda się nam to zrobić w ciągu czterech dni, jeśli nic innego nie wejdzie nam w drogę.
13	Das nächstemal wollen wir die Riviera machen.	13	Następnym razem chcemy pojechać na Riwierę.
14	Mein Sohn will mit dem Motorrad nach Griechenland.	14	Mój syn chce jechać do Grecji na motocyklu.
15	Er ist recht unternehmungslustig.	15	On jest bardzo przedsiębiorczy.
16	Wir wollen dieses Jahr wieder campen.	16	Chcemy znowu w tym roku spędzić czas na campingu.
17	Vielleicht kaufen wir sogar einen Wohnwagen.	17	Może nawet kupimy sobie przyczepę.
18	Bisher sind wir immer mit dem Zelt gefahren.	18	Dotąd zawsze jeździliśmy z namiotem.
19	Es gibt ja jetzt wirklich herrliche Campingplätze!	19	Jest teraz naprawdę mnóstwo wspaniałych pól campingowych.
20	Und man ist völlig unabhängig von Hotels!	20	Jest się całkowicie niezależnym od hoteli.

21 Das ist doch kein Urlaub für Ihre Frau, wenn sie sich wieder um alles kümmern muß?

21 Ale to nie jest odpoczynek dla Pańskiej żony, jeżeli będzie musiała znowu troszczyć się o wszystko.

22 Ja, schon, aber mit Kindern ist es einfach ideal!

22 To prawda, ale dla dzieci to po prostu idealne.

Auto

1 Bekomme ich als Ausländer eine Zollnummer?

2 Wie lange kann ich mit der Zollnummer fahren?

3 Für die kurze Zeit ist vielleicht ein Leihwagen günstiger.

4 Geht das nach Tagen pauschal oder nach Kilometern?

5 Bitte voll/volltanken.

6 Bitte für 10 Mark.

7 Schauen Sie/sehen Sie bitte das Öl nach.

8 Sehen Sie bitte die Luft nach: vorne 1,2 (eins Komma zwei/ eins-zwei), hinten 1,4.

9 Geben Sie mir eine Biluxlampe mit, nur für alle Fälle.

10 Haben Sie Original-Ersatzteile?

11 Können Sie sie besorgen?

12 Gibt es hier keine VW-Werkstätte?

Auto

1 Czy jako cudzoziemiec mogę otrzymać numer (pozwolenie) celny?

2 Jak długo mogę z nim jeździć?

3 Na krótki czas korzystniej jest chyba wynająć wóz.

4 Czy opłaca się go od dni czy od kilometrów?

5 Proszę napełnić/zatankować.

6 Za 220 (dwieście dwanaście) złotych.

7 Proszę sprawdzić oliwę.

8 Proszę sprawdzić opony – 17 przednie, 20 – tylne.

9 Proszę mi dać na wszelki wypadek lampę odblaskową.

10 Czy ma Pan oryginalne części zastępcze.

11 Czy może mi Pan to załatwić?

12 Czy nie ma tu żadnych warsztatów naprawczych (Volkswagen)?

13	Können Sie mir den 20 000er (Kundendienst) machen?	13	Czy może mi Pan zorganizować serwis po 20 000 (dwudziestu tysiącach kilometrach) km?
14	Schauen Sie doch bitte mal nach, was da fehlt.	14	Proszę zobaczyć co tam brakuje.
15	Da klappert doch etwas!	15	Coś tam brzęczy.
16	Das muß noch auf Garantie gehen!	16	To jeszcze obejmuje gwarancja.
17	Das ist wirklich ein praktischer Wagen.	17	To jest naprawdę praktyczny samochód.
18	Es geht viel rein, und man sitzt recht bequem.	18	Wiele wejdzie i siedzi się całkiem wygodnie.
19	Im Verbrauch und so ist er sehr sparsam.	19	W użyciu i w ogóle jest bardzo ekonomiczny.
20	Für das Geld kann man nicht mehr verlangen.	20	Za te pieniądze nie można więcej żądać.
21	Das muß man den Franzosen schon lassen: Autos können sie bauen!	21	Trzeba już Francuzom przyznać, że auta potrafią konstruować.
22	Ehrlich gesagt, ich pflege ihn überhaupt nicht.	22	Prawdę powiedziawszy wcale go nie czyszczę.
23	Er läuft, das ist die Hauptsache!	23	Jeździ, to najważniejsze.

Unfall

1 Entschuldigen Sie, ich hatte Sie nicht rechtzeitig gesehen.
2 Hier sind meine Papiere, wollen Sie sich alles notieren?
3 Ich melde es gleich meiner Versicherung.
4 Wollen Sie die Polizei holen?
5 Ich glaube, wir können uns so einigen.

Wypadek

1 Przepraszam Pana, nie dostrzegłam Pana w porę.
2 Oto moje papiery, czy zechce Pan sobie wszystko zapisać?
3 Zaraz zgłoszę w biurze ubezpieczeń.
4 Czy chce Pan wezwać policję?
5 Wydaje mi się, że możemy się porozumieć.

6	Ist ja nur ein kleiner Blechschaden.	6	Tylko blacha jest wygięta.
7	Ist Ihnen klar, daß ich hier Vorfahrt habe?	7	Czy Pan zadaje sobie sprawę, że ja tu miałem prawo pierwszeństwa?
8	Geben Sie zu, daß Sie eindeutig schuld sind?	8	Niech Pan przyzna, że nie ma wątpliwości, że to Pańska wina.
9	Der Herr da hat es doch auch gesehen.	9	Ten pan tutaj przecież też to widział!
10	Ich habe doch genug Zeugen!	10	Mam przecież dostateczną liczbę świadków!
11	Also nein, so etwas ist mir doch noch nicht vorgekommen!	11	Nie, coś takiego jeszcze mi się nigdy nie zdarzyło!
12	Sie rasen da wie ein Verrückter, und dann wollen Sie mir auch noch die Schuld geben!	12	Pan pędzi jak szalony a potem jeszcze usiłuje Pan twierdzić, że to moja wina.
13	Soll ich die Funkstreife holen?	13	Czy mam wezwać wóz radiowy?
14	Nun regen Sie sich nicht auch noch auf!	14	Niech się Pan nie podnieca!
15	Die Polizei wird das schon klären.	15	Policja wszystko wyjaśni.
16	Ist Ihnen etwas passiert?	16	Czy stało się coś Panu?
17	Sind Sie verletzt?	17	Czy jest Pan ranny?
18	Bitte bleiben Sie ganz ruhig liegen!	18	Proszę, niech Pan leży całkiem spokojnie!
19	Bitte rufen Sie schnell das Rote Kreuz!	19	Proszę szybko wezwać karetkę pogotowia!
20	Stehen Sie doch bitte nicht hier herum, Sie behindern doch nur die Sanitäter!	20	Proszę tu nie stać, przeszkadzacie tylko sanitariuszom.

Reise mit der Bahn

1. Welche ist die beste Bahnverbindung nach München?
2. Geht das direkt oder muß ich umsteigen?
3. Wie lange hat man da Aufenthalt?
4. Und auf der anderen Strecke hat man sofort Anschluß?
5. Notieren Sie mir bitte Abfahrt und Ankunft.
6. Geben Sie mir Schlafwagen/Liegewagen.
7. Geben Sie mir bitte eine Platzkarte.
8. Zweimal München einfach, bitte.
9. Einmal Stuttgart und zurück.
10. Einmal erster (Klasse) Stuttgart.
11. Brauche ich für den TEE einen Zuschlag?
12. Von welchem Gleis fährt der D-Zug nach München ab?
13. Das kann ich Ihnen leider nicht sagen. Bitte fragen Sie doch dort bei der Auskunft.

Podróż koleją

1. Jakie jest najlepsze połączenie kolejowe z Madrytem?
2. Czy ten pociąg jest bezpośredni, czy muszę się przesiadać?
3. Jak długo trzeba tam czekać?
4. Czy na innej trasie jest bezpośrednie połączenie?
5. Proszę mi zapisać czas odjazdu i przyjazdu.
6. Proszę o sypialny/kuszetkę.
7. Proszę o miejscówkę.
8. Proszę o dwa pojedyńcze bilety do Monachium.
9. Powrotny do Stuttgartu.
10. Jeden bilet pierwszej klasy do Stuttgartu.
11. Czy należy się dopłata do pociągu międzynarodowego?
12. Z którego peronu odjeżdża pociąg pośpieszny do Monachium.
13. Niestety, nie mogę Panu (Pani, Państwu) tego powiedzieć. Proszę zapytać się w informacji.

Flugreise

1. Ich möchte für Sonntag Warschau buchen.
2. Fliegt Lot oder Lufthansa?

Podróż samolotem

1. Chciałbym zamówić przelot do Warszawy na niedzielę.
2. Czy to samolot Lotu czy Lufthansy?

3 Gut, fliegen wir mit Lot.
4 Können Sie den Rückflug auch gleich bestätigen für 24.?
5 Ist wirklich alles ausgebucht?
6 Und wie sieht es mit der Warteliste aus?

3 Dobrze, lećmy z Lotem.
4 Czy można od razu zatwierdzić lot powrotny na 24-go?
5 Czy rzeczywiście wszystkie miejsca zajęte?
6 A jak z listą czekających na swą kolej?

In der fremden Stadt

1 Bitte einen Führer von München, mit Stadtplan.
2 Entschuldigen Sie, kennen Sie sich hier aus?
3 Ich glaube, ich habe mich verlaufen.
4 Ich möchte zur alten Pinakothek/zum Bahnhof.
5 Verzeihung, welche Straßenbahn geht zur Oper?
6 Fährt der Bus nach Nymphenburg?
7 Wie komme ich am schnellsten zum Flughafen?
8 Kommen Sie mit? Ich sehe mir den Dom an.
9 Ich gehe in die Oper/in eine Ausstellung.
10 Ich gehe ins Museum/ ins Theater/ins Kino.
11 Ich möchte nur ein bißchen bummeln.
12 Kommen Sie, wir machen einen kleinen Stadtbummel.

W obcym mieście

1 Proszę o przewodnik po Monachium z planem miasta.
2 Przepraszam Pana, czy Pan zna to miasto?
3 Zdaje mi się, że zabłądziłem.
4 Chciałbym dojść do Starej Pinakoteki (galeria obrazów), na dworzec.
5 Przepraszam, który tramwaj jedzie do Opery?
6 Czy ten autobus jedzie do Nymphenburga?
7 Jak mogę najszybciej dojechać do lotniska?
8 Czy idzie Pan(i) ze mną? Chcę obejrzeć katedrę.
9 Idę na operę/na wystawę.
10 Idę do muzeum/do teatru/do kina.
11 Chciałbym tylko trochę powłóczyć się.
12 Chodźmy, pospacerujemy trochę po mieście.

13	Ich bin schon länger hier.	13	Już jestem tu dość długo.
14	Es gefällt mir gut hier.	14	Wcale mi się tu podoba.
15	Ich habe mich sehr gut eingelebt.	15	Zżyłem się tu.
16	Sogar ans Klima habe ich mich gewöhnt.	16	Przyzwyczaiłem się nawet do klimatu.
17	Ich möchte gar nicht mehr weg.	17	Nie chciałbym stąd wyjeżdżać.
18	Ich finde die Stadt schrecklich.	18	Uważam, że to miasto jest okropne.
19	Ich bin froh, wenn ich wieder zu Hause bin.	19	Będę rad, kiedy już znowu będę w domu.
20	Ich möchte nicht für immer hier sein.	20	Nie chciałbym tu mieszkać na stałe.

Polizei, Justiz, Verwaltung

Policja, sądownictwo, administracja

1 Muß ich das wirklich alles ausfüllen?
2 Name – Vorname – Geburtsdatum.
3 Geburtsort.
4 Familienstand: verh. = verheiratet, led. = ledig, verw. = verwitwet, gesch. = geschieden.
5 Staatsangehörigkeit – Reisepaß-Nr.
6 Beruf – ständiger Wohnsitz.
7 Die Nummer weiß ich leider nicht auswendig.
8 Ich habe dummerweise meine Papiere im Hotel/im Wagen.

1 Czy naprawdę muszę wypełnić te wszystkie rubryki?
2 Nazwisko – imię – data urodzenia
3 Miejsce urodzenia
4 Stan rodzinny: żonaty (zamężna), kawaler (panna), wdowiec (wdowa), rozwiedziony(a)
5 Przynależność państwowa – paszport Nr.
6 Zawód – stałe miejsce zamieszkania.
7 Numeru niestety nie pamiętam.
8 Jaki to niemądre! Zostawiłem moje papiery w hotelu.

9	Ich bin mit dieser Behandlung nicht einverstanden!	9	Protestuję przeciw takiemu traktowaniu.
10	Es muß alles ein Irrtum sein!	10	To musi być jakaś pomyłka!
11	Ich werde mich beschweren!	11	Złożę zażalenie!
12	Sie verwechseln mich sicher!	12	Pan mnie na pewno myli z kimś innym!
13	Verständigen Sie bitte sofort den Konsul von Polen!	13	Proszę natychmiast porozumieć się z konsulem polskim!
14	Ich verlange, daß Sie mich mit dem Konsul sprechen lassen!	14	Żądam pozwolenia na rozmowę z konsulem!
15	Sie können doch nicht einfach das Auto beschlagnahmen!	15	Pan nie może po prostu skonfiskować mi auta.
16	Zuerst haben sie mich auf der Polizei vernommen.	16	Najpierw przesłuchaliście mnie w komisariacie policji.
17	Sie haben mich für einen lang gesuchten Schmuggler gehalten.	17	Wzięliście mnie za długo poszukiwanego przemytnika.
18	Beim Untersuchungsrichter hat sich alles aufgeklärt.	18	U sędziego śledczego wszystko się wyjaśniło.
19	Inzwischen hatten sie meine Papiere geholt.	19	Tymczasem przynieśli moje papiery.

Wolfgang Halm

Sätze aus dem Alltagsgespräch

Das Ihnen vorliegende Bändchen ist Bestandteil einer Reihe, die neun Sprachen umfaßt. Die „Sätze aus dem Alltagsgespräch" von Wolfgang Halm sind in folgenden Fassungen lieferbar:

deutsch–englisch, ISBN 3-19-002109-0
deutsch–französisch, ISBN 3-19-003086-3
deutsch–spanisch, ISBN 3-19-004017-6
deutsch–italienisch, ISBN 3-19-005058-9
deutsch–portugiesisch–brasilianisch, ISBN 3-19-005102-X
deutsch–rumänisch, ISBN 3-19-005084-8
deutsch–russisch, ISBN 3-19-004424-4
deutsch–ungarisch, ISBN 3-19-005086-4
deutsch–polnisch, ISBN 3-19-005087-2

Unsere Informationsabteilung steht Ihnen für Auskunft über unsere umfangreiche fremdsprachliche Produktion jederzeit zur Verfügung.

MAX HUEBER VERLAG · D-8045 ISMANING